◇

부모를 수선합니다

부모를 수선합니다

초판 1쇄 발행 2022년 11월 21일

지은이 박수연, 안은희
펴낸이 류태연

편집 렛츠북 편집팀 l **디자인** 조언수

펴낸곳 렛츠북
주소 서울시 마포구 양화로11길 42, 3층(서교동)
등록 2015년 05월 15일 제2018-000065호
전화 070-4786-4823 l **팩스** 070-7610-2823
홈페이지 http://www.letsbook21.co.kr l **이메일** letsbook2@naver.com
블로그 https://blog.naver.com/letsbook2 l **인스타그램** @letsbook2

ISBN 979-11-6054-585-2 (13370)

부모를 수선합니다

정답은
아이가 아니라
부모다!

박수연 · 안은희 지음

렛츠북

두 분의 교육학 박사께서 공동으로 책을 출간하신다고 소중한 원고를 보내오셨다. 목차와 머리말만 읽고 추천사를 쓰려고 했던 나는 그 얄팍한 생각을 잊어버리고 어느새 마지막 부분을 읽고 있었다.

연습 없이 시작된 서툰 부모의 모습을 사랑이란 이름으로 감추려고 발버둥 치는 많은 부모에게 거창하거나 화려한 미사여구 없이 담백하게 써내려간 글이 참 좋았다. 내가 알고 있는 저자들은 아동교육의 일선 현장에서, 또 그 교사를 양성하는 대학에서 생활해 오신 분들이다. 아마도 부모교육 없는 자녀교육의 한계를 누구보다 더 절절히 느껴오셨을 거다. 그러나 아이들에게 보내는 사랑이란 것에도 우선순위가 있고 그때마다 부모는 갑의 위치에 있었다. 특히 나름의 지식으로 무장까지 한 부모의 관심은 어느새 권위라는 완장 찬 이들의 행태로 나타나고 있는 것이 현실이다. "아버님이 혹은 어머님이 바뀌셔야 합니다"라는 말이 목까지 치밀어도 감히 뱉어내지 못하고 참아내는 인고의 삶을 살았으리라. 이 책을 통해 그 삭여왔던 내면의 목소리를 쏟아냈을 것이다. 그러나 책을 읽자마자 분명 문장마다 훈계의 목소리가 묻어날 것이라는 생각은 성급한 선입견이었음을 깨닫게 된다.

수선과 수리라는 명료한 대비로 그 모든 것을 녹여내는 탁월한 글솜씨가 그것을 보여준다. 술술 읽히는 적절한 스토리로 구성된 글은 동화책을 읽어나가는 듯한 편안함과 몰입감을 준다.

어떻게 살아도 부모보다 잘살 것 같다는 희망을 가질 수 있었던 아이들은 서툰 부모가 문제 되지 않는다. 문제는 지금의 아이들이다. 지금의 부모들보다 더 나아질 것 같지 않은 세상을 본능적으로 느끼는 영특한 요즘 아이들에게 서툰 부모의 사랑이라는 이름의 포장지로 절대 가려지지 않는다. 지혜로워야 한다. 조금이라도 그 상황을 벗어나려면 이 책을 통해 부모가 어떻게 수선되어야 하는지 제대로 배울 것을 권해본다.

한국창직역량개발원장
최병철

* * *

아이들에게는 보고, 듣고, 먹고, 냄새 맡고, 접촉하면서 느끼는 그 자체가 교육이다. 그러므로 부모는 자녀에게 주어진 일상에서 가장 좋아하는 것, 관심 있는 것 등을 스스로 경험하면서 느끼고 생각하고 행동하도록 도와 자신만의 성품과 능력을 기를 수 있도록 양육해야 한다.

오랫동안 영유아교육에 몸담아 온 저자들이 가지고 있는 폭넓은 교육적 지식과 다양한 부모교육 그리고 개별적인 육아 상담 경험을 바탕으로 깊이 있게 통찰하여 제시한 자연스러운 관계적 관점의 『부모를 수선합니다』는 자녀 양육의 명확한 방향과 실천적 가치가 높은 내용을 흥미롭게 구성하고 있어서 부모님들에게 즐거운 양육 지침서가 될 것이다.

이 책은 부모 역할의 불필요한 중압감을 시원하게 떨칠 수 있고, 부모와 자녀가 일상에서 함께 느끼며 자연스럽게 변화할 수 있는 전략과 실천 기술이 담겨 있어 부모님뿐만 아니라 영유아 교직원들에게도 매력 있는 양육 필독서로 반드시 읽어볼 것을 추천한다.

경상북도 육아종합지원센터장

이삼범

자식이 태어나면 누구나 부모가 된다. 그러나 부모가 된다고 모두가 완벽한 부모 노릇을 하기는 어렵다. 인간을 매개로 하는 학문에서는 가장 먼저 '발달'이라는 학문이 전제된다. 인간은 성장 과정마다 이루어야 하는 과업이 있다. 부모 역할도 마찬가지로 하나의 과업이다. 모든 역할을 수행하기 위해서는 연습과정도 있어야 하지만 부모 역할은 연습이 불가능하다. 그러므로 본서에서는 연습 없이 수행하게 된 부모 역할을 지금이라도 수선해서 아이들의 미래에 도움을 줄 수 있도록 하였다.

　칸트는 "자식을 기르는 부모야말로 미래를 돌보는 사람이라는 것을 가슴속 깊이 새겨야 한다. 자식들이 조금씩 나아짐으로써 인류와 이 세계의 미래는 조금씩 진보하기 때문"이라고 하였다. 그리고 탈무드에서는 "부모가 되면 자식들을 위하여 모든 것을 희생한다"고 하였다. 그러나 부모로 산다는 것은 정답이 없고, 교과서의 내용이 개인마다 상황이나 환경과 맞지 않고 각자가 나름으로 해석하고 적용해야 하기 때문에 매우 어렵다.

부모는 아이에게 세상을 보는 창이다. 어떤 창은 유리가 너무 얇아서 깨질까 불안하고, 어떤 창은 유리가 너무 두꺼워서 다 보이지만 숨이 막힐 만큼 공기가 통하지 않고, 어떤 창은 깨져 있어서 비바람이 그대로 들어온다. 이런 부모의 창은 자식이 부모가 되었을 때 부모 역할을 하는 기준이 되기도 한다. 부모라는 틀에 갇혀 있으면 절대 내 부모의 굴레를 벗어나 새로운 창을 만들 수 없다. 피나는 노력으로 새로운 창을 만드는 것이 필요하다. 바로 수선이다. 수선은 수리와 다른 의미를 지니고 있다. '수선'은 손질할 '수(修)' 자와 고칠 '선(繕)' 자로 손질하여 고친다는 뜻이고, 수리(修理)는 건물이나 물건 따위가 고장 나거나 허름한 데를 손보아 고치는 것이다. 우리는 값비싼 옷이 몸에 맞지 않으면 수선집에 맡겨 늘리거나 줄인다. 아이도 마찬가지로 너무나 소중하기 때문에 부모를 수선하여 아이에게 좋은 방향을 알려줄 수 있도록 해야 한다. 아이가 고장 나거나 문제가 생겨 수리해야 하는 상황은 이미 늦은 것이다.

아이들은 아직 미성숙한 존재라서 '어린이'라고 부른다. 아이들은 생각이나 행동이 미숙하지만 엄연히 존중해야 할 인격체다. 아이들을 인격체로 봐줄 때 비로소 그들만의 날개를 달고 세상을 향해 날아갈 수 있게 된다.

저자들이 전하는 아이를 잘 키우는 방법은 부모를 수선하는 것이다. 몸에 맞지 않는 옷을 그대로 입으면 내 몸도 불편하지만 보는 이들도 이상하게 생각한다. 하지만 다른 천을 대서 모양을 늘이거나 줄이고 다른 디자인으로 수선해서 입으면 모든 것이 좋아진다. 마찬가지로 우리 아이들을 양육하면서 생기는 갈등은 아이의 잘못이라기보다 부모가 자꾸 몸에 맞지 않는 옷을 입으려는 생각 때문이다. 그래서 수선이 필요하다.

그러므로 현장 경험을 통해 이 책을 쓰면서 고민이 있는 이 세상 부모들이 일상생활에서 쉽게, 그리고 부모·자녀 서로가 자연스러운 상황에서 어떻게 부모의 마중물로 자녀에게 기적이 일어나는지를 느낄 수 있도록 내용을 정리했다.

얕은 지식으로 책 한 권 써놓고 부모·자식 간의 관계를 좋게 하는 만병통치약이라고 말하고 싶진 않다. 다만 줄을 긋고 온 신경을 집중해 읽어야 하는 기존의 중압감을 이 책에서는 피할 수 있도록 구성했다. 가볍게 읽고 가볍게 버려도 되는 책이어도 자녀를 잘 키우고 싶은 부모님들의 손에 닿아 울림을 줄 수 있기를 바랄 뿐이다.

목차

1부

아이에게 힘이 되는
부모로 수선합니다

아이에게
가장 중요한 스승이 되는
부모로 수선하라

부모는 아이에게 최고의 스승이다. 요즘 아이들에게는 선생님이 너무 많다. 유치원부터 시작하여 많으면 1년에 네다섯 명의 선생님이 생긴다. 유치원에서도 아이가 속한 반의 담임선생님 외에 특성화 프로그램 체육, 음악, 미술, 과학, 영어 등 여러 선생님이 외부에서 오기도 한다. 분명 선생님은 특정 영역의 기능을 가르쳐주거나 지식을 축적할 수 있는 가르침을 주지만 부모는 이와 다르다. 무엇을 일일이 가르쳐서 기술적으로 익히게 하는 것이 아니라 실제 함께하면서 때로는 멘토로서, 때로는 친구로서 역할을 하면서 서로가 서로에게 배우는 것이다. 그럼에도 불구하고 많은 부모는 아이에게 '이렇게 해라, 저렇게 해라' 하고 가르치는 경우가 허다하다. 이렇게 가르치려고 하면 분명 부모와 자식의 관계라지만 갈등이 있기 마련이며 사이는 나빠질 것이 불을 보듯 뻔하다. 부모가 시키면 시키는 대로 하는 아이가 몇 명이나 될까? 실상 대부분의 아이들은 이런 상황에서 "부모들은 소리를 지르고 화를 내는구나!"로 인식한다고 아동심리학자들은 말한다. 부모는 아이가 잘되기를 바라는 마음에서 또는 인생이라는 긴 여정을 돌고 돌아서 가지 말고 지름길로 편하게 가길 바라는 마음으로 아이에게 알려주기 위함일 것이다.

지금 그대로 아름다운 모습

늦가을 어느 날, 낮부터 먹구름이 끼기 시작한 하늘에서 어느새 세차게 비바람이 불기 시작했다. 저녁이 되도록 비는 그치지 않고 더 세차게 내렸다. 가난한 살림에 딸의 꿈을 무리해서 뒷바라지하던 어머니는 미술학원에서 돌아올 시간이 된 딸이 비에 젖을까 걱정이 되어 우산을 챙겨 딸이 다니고 있는 미술학원 앞으로 갔다. 어머니는 학원 입구에 다가섰다가 초라한 자신의 행색을 보고 주춤하며 건물 옆에서 기다리기로 했다. 감수성 예민한 딸이 행여나 상처를 받을까 걱정스러운 마음이었다.

우산 위로 떨어지는 빗소리를 들으며 한참을 기다리다 문득 학원 창가를 올려다보았는데 마침 창밖을 보던 딸과 시선이 마주쳤다. 어머니는 반가운 마음에 손을 흔들며 인사를 했는데, 딸이 못 본 척하고 창 뒤로 몸을 숨겼다가 다시 힐끗힐끗 쳐다보기를 반복하였다. 딸이 초라한 자신의 모습이 부끄러워 숨는 것으로 생각하고 어머니는 건물 옆으로 물러섰다.

그로부터 얼마 후 미술학원에서 겨울 작품 전시회 초대장을 받았다. 딸이 자신의 모습을 부끄러워할 것 같아서 하루 종일 갈까 말까 망설이던 어머니는 다 늦은 저녁에야 용기를 내어 부랴부랴 미술학원으로 찾아갔다. '아무도 없으면 어쩌지….' 다행히 문은 열려 있었다. 전시된 작품들을 살펴보던 어머니는 '지금 그대로 아름다운 모습'이라는 작품 앞에서 우뚝 멈춰 섰다. 비, 우산, 낡은 신발, 그리고 헤진 옷… 그림 속에는 딸을 기다리던 비 내리던 그날의 어머니의 초라한 모습이 그대로 담겨 있었다. 그날 딸이 힐끔힐끔 창밖을 바라보았던 건 우산을 들고 자신을 기다리는 어머니의 모습을 그렸던 것이었다.

어머니를 발견한 딸이 활짝 웃으며 어머니 곁으로 다가왔고, 모녀는 함께 그림 앞에 한참을 서서 행복하게 그림을 바라보았다.

아이가 아무리 공부를 잘하더라도 세상에서 가장 중요한 스승은 부모다. 스승은 일일이 가르쳐주고 주워 먹기만 하면 되도록 알려주는 것이 아니라 그저 묵묵히 보여주기만 하고 아이 스스로 깨닫게 하는 것이 바로 '수선'이다. 아이들은 부모가 하라는 대로 하지 않지만 생각보다 부모 걱정을 많이 한다.

부모라는 완장을 차고
스스로 수선하라

　부모들은 '부모'라는 완장을 차고 아이들을 앞서 가면서 '나를 따르라'고 팔을 휘두르며 진두지휘한다. 하지만 아이들은 눈도 마주치지 않고 무시하는 경우가 더 많다. '나를 따르라'는 리더십은 과거의 부모들이 행했던 권리였다. 요즘은 아무리 부모라는 완장을 차고 있다 하더라도 세상을 아이의 관점에서 바라보지 않고 부모의 관점으로 바라본다면 될 일도 안 되는 세상이다. 그러므로 부모 스스로 수선을 해야 아이를 제대로 리드할 수 있다.

　정신분석학자 도널드 위니캇(Donald Winnicott)은 평범한 어머니는 자식을 극도로 사랑하면서 동시에 싫어하는 양면적인 감정을 가진다고 했다. 자녀에 대한 사랑이 모순적인 면을 가지고 있다는 사실을 인정하는 어머니들이 그렇지 않은 어머니들에 비해 자녀에게 덜 공격적이라고 한다.

부모라는 완장을 차고 자신의 아이를 너무 사랑한 나머지 자녀의 모든 것을 해결해주려는 부모는 자녀가 사춘기에 이르면 심각한 갈등을 겪을 수 있다. 아이는 점차 독립성을 가지려고 하는데 부모의 지나친 관심이 집착과 구속으로 작용하기 때문이다. 결국 부모라는 완장은 아이에게 오히려 해가 되므로 완장을 벗어던지고 서로 존중하는 거리를 유지할 수 있어야 한다.

'사마의'를 통해 부모를 수선하다

사마의[*]에 의하면, 조조는 새가 울지 않으면 울게 만들고 유비는 새에게 울어달라고 부탁하며 사마의는 새가 울 때까지 기다린다고 하였다. 이를 우리 아이들에게 대입해보면, 조조 같은 부모는 강압적인 부모이고 유비 같은 부모는 아이를 무능하게 만들며, 사마의 같은 부모는 아이에게 이래라저래라 하지 않고 아이가 스스로 원할 때 하도록 기다린다고 할 수 있다. 이 비유에서 부모가 기억해야 할 것은 무엇이든 아이가 원할 때 한다면 그 효과는 극대화된다는 점이다.

지금 29살인 큰 아이가 어릴 때, 영어는 일찍 가르치면 좋다고 하여 아이를 키우는 엄마들 사이에서 어릴 때부터 영어를 가르치는 열풍이 불었다. 그래서 다섯 살부터 큰아이를 영어 학원에 보냈는

[*] 친타오, 『결국 이기는 사마의』, 더봄, 2018.

데 곧잘 따라 하는 것 같아 뿌듯했다. 그러던 어느 날 아이가 나에게 물었다. "엄마 화장실이 영어로 뭔지 알아?" 그래서 나는 당연히 "Toilet이지" 했더니, "엄마 잘 모르네, 화장실은 우리 말과 비슷하게 '와장실'이야"라고 했다. "누가 그렇게 가르쳐 줬니?"라고 물었더니 "영어선생님이 화장실 갔다 올게요" 하면, "음음 와장실 OK"라고 말한다고 했다. 선생님이 말한 잘못된 지식에 대해 이상함과 궁금증을 가지지 않고 그대로 받아들이는 아이를 보면서 왜 그런지를 생각해봤다. 그리고 난 영어를 공부하는 것은 아이가 원한 일이 아니었기에 잘못되고 이상해도 아이는 답을 찾으려 하지 않는 게 아닐까 하는 결론에 도달했다. 아이를 일찍부터 영어학원을 보낸 것은 결국 부모의 만족이었지 아이가 진정으로 원한 게 아니었다. 아이는 부모를 만족시키는 물건이나 도구가 아니다. 부모는 조조와 유비 같은 부모가 아닌 사마의와 같이 아이가 원할 때 적극적으로 지원해주는 부모로 수선되어야 한다.

당나귀의 교훈으로 부모를 수선하다

"당나귀에게 한 무더기의 싱싱한 풀을 주면 당나귀는 아주 기뻐하며 맛있게 먹지만 두 무더기를 따로 주면 배불리 먹지 못한다. 한쪽 풀을 먹으면서도 다른 쪽 풀을 신경 쓰며 오가느라 기진맥진하여 배불리 먹지 못하기 때문이다. 만약 당나귀에게 다섯 무더기의 싱싱한 풀을 따로 준다면 어떻게 될까? 당나귀는 한 입 먹을 틈도 없이 이리저리 오가다 지쳐 죽을 수도 있다. 따라서 한 무더기의 싱싱한 풀은 즐거운 만찬이지만, 두 무더기 풀은 고통이며, 다섯 무더기의 풀은 학대와도 같다"고 했다.

우리 부모들은 아이가 어리면 어릴수록 거짓말쟁이라는 말을 듣는다. 아이가 아직 말을 하지 못할 때 의미 없는 말로 "어엄마, 아빠"와 비슷한 말을 하면 부모는 좋아서 "우리 아이가 엄마라고 또는 아빠라고 했다"고 동네방네 방송을 하기 때문이다. 그래서 아이가 자라면서 내 아이가 최고로 똑똑하기 때문에 이것도 되면 좋겠고 저것도 되면 좋겠다고 한꺼번에 이것저것 원하는데 그러면 당나귀처럼 아무것도 할 수 없다. 우리 말에 '우물을 파도 한 우물을 파라'는 말이 살아보니 맞는 듯싶다. 한 번에 하나만 아이에게 권유하는 부모로 수선된다면 아이는 심리적인 부담 없이 자신의 뜻을 펼쳐 나갈 것이다.

부모라는 완장을 벗는 수선을 하다

우리 부모들도 아이들에게 너무 많은 주문을 하게 되면 아이들은 결국 과부하가 걸려 어떤 일도 하지 못하게 될 수 있다. 그러므로 완장을 벗고 늘 관용을 베풀어 아이의 생각을 그 자체로 오롯이 인정해줘야 한다. 그래야만 아이에게 많은 주문을 하지 않을 마음

---

* 자오위핑, 『자기통제의 승부사 사마의』, 위즈덤하우스, 2018.

의 여유가 생긴다. 우리는 아이의 미래를 위해서 여러 가지를 주문한다고 하지만 이는 결국 부모의 욕심일 뿐이다.

오스트리아의 정신분석학자 지그문트 프로이트(Sigmund Freud)가 『집단심리학과 자아분석(Group Psychology and the Analysis of the Ego)』(1921)에서 인용하면서 심리학의 영역으로 널리 인정된, 독일의 철학자 쇼펜하우어의 '고슴도치 딜레마'가 우리 부모들에게 완장을 벗어야 하는 이유를 알려준다.

> 추운 겨울날, 몇 마리의 고슴도치가 모여 있었는데 가까이 다가갈수록 그들의 바늘이 서로를 찔러서 결국 떨어질 수밖에 없었다. 그러나 추위는 다시 고슴도치들을 모이게 만들었고 똑같은 일이 반복되었다. 이러한 과정을 반복한 고슴도치들은 서로 최소한의 간격을 두는 것이 가장 좋은 방법이라는 것을 발견했다.

실제로 고슴도치들은 바늘이 없는 머리를 맞대어 체온을 유지하거나 잠을 잔다고 한다. 여러 번의 시행착오를 통해 최선의 방법을 찾아낸 것이다. 부모라는 완장이 고슴도치의 가시처럼 자녀에게 상처를 입히고 있진 않은지 돌아보길 바란다. 아무리 부모·자식의 관계지만 적당한 거리를 유지하고 온기를 나눈다면 서로의 가시에 찔릴 일은 없을 것이다.

아이의 성장 원동력이 되는
부모로 수선하라

아이는 아직 세상살이를 잘하지 못해서 부모를 떠날 수 없고 부모는 자신들이 도와주지 않으면 아이가 잘살 수 있을 것이라는 확신이 없어 떠나보내지 못한다. 여기서 떠나보낸다는 것은 그냥 내버려둔다는 것이 아니라 아이를 독립적인 존재로 살아가도록 하는 것이다. 이렇게 아이를 독립적인 존재로 살아가도록 돕는 성장 원동력은 바로 부모의 고독이다.

부모의 고독이 아이의 성장 원동력이다

부모의 고독은 값싼 감상에 빠지는 것이 아니라 아이를 바라보는 관점이다. 물론 고독하다는 것은 슬프고 우울한 것이다. 이러한 고독이나 우울은 사회적으로는 등한시되는 감정이지만 나 자신은 물론 주변인들, 특히 자식에게는 창의성과 공감력의 근원을 제공할 수도 있다. 그 이유는 고독이 정상적인 삶과 활동들에 대한 관심, 에너지를 약화시키는 반면 진화의 측면에서는 본질적인 것에 눈을 돌리고 내면의 목소리에 귀를 기울이게 하기 때문이다. 그래서 건강한 우울은 특정한 삶의 영역들을 새롭게 또는 보다 현실적으로 재조명하도록 돕는다.

이 책을 읽는 부모들은 아이로부터 느끼는 감정에서 고독하다고 느낀 적이 있는가? 있다면 어떤 때 자신이 고독하다거나 외롭다고 느꼈는지 한 번쯤 생각해보라고 권하고 싶다. 많은 부모는 내 아이가 주위의 다른 아이들보다 너무 부족해서 또래 부모들과 견주지 못할 때 외롭거나, 너무 잘해서 부모와 함께할 시간이 없을 때 외롭다고 말한다. 아이의 입장에서는 이럴 때 어떻게 하라는 것인지 혼란스럽기까지 하다. 못하면 잘하라고, 잘하면 더 잘하라고 말만 하지, 어떻게 해야 잘하는 것이고 더 잘하는 것인지에 대한 답은 주지 않는다. 도무지 아이 입장에서 부모의 뜻에 맞춰 따라가기는 너무 어렵다.

『도덕경』에는 천망회회 소이불실(天網恢恢 疏而不失)이라는 말이 있다. 이는 '하늘의 그물은 넓고 커서 엉성한 것 같지만 빠져나갈 수 있는 것은 없다'는 뜻이다. 부모가 고독하지 않다면 잠시도 쉬지 않고 아이가 무슨 메뉴판이라도 되는 것처럼 '이것 해라, 저것 해라' 주문하지만, 고독한 엄마는 아이가 하는 것을 마냥 지켜보다가 아이에게 꼭 줘야 하는 도움이 무엇인지, 자신이 할 수 있는 역할을 정리한다. 하늘의 그물처럼 엉성해 보이는 부모의 고독을 통한 기다림이 아이를 성장하게 하는 것이다. 부모의 고독이 아이 성장의 원동력이 된다면 굳이 고독하지 않을 이유가 없다.

부모가 자식을 보면서 뭔가 부족해 보이고, 빠른 길을 알려주는데도 가지 않는 것이 답답한 것은 아이가 부족해서가 아니라 부모가 마음을 비우지 않았기 때문이다. '적은 비를 피하려면 큰 나무 아래로 숨으라'는 말이 있다. 큰 나무는 부모이고 그 아래 비를 피하는 것은 우리 자녀들이다. 이렇게 부모가 묵묵히 『도덕경』에서 말하는 하늘의 그물과 큰 나무가 되어주기만 하면 우리 아이들은 거침없이 세상을 향해 나아갈 수 있을 것이다.

무릇 교육이란 모범을 보이는 것이지 입으로 알려주는 것이 아니다. 끊임없이 뭔가를 요구하기보다 "당신의 혀에게 '나는 잘 모릅니다'라는 말을 열심히 가르쳐라"*는 유대인의 가르침을 실천해보면 좋을 것이다.

아이는 부모의 노고를 다 알고 있다

우리 부모들은 대부분 내가 자식에게 투자한 노력을 자식들이 모른다고 생각해 야속함을 느낀다.

광고이긴 하지만 혼자서는 서지도 못했던 아이가 무릎을 낮추신

---

* 김태현, 『부와 성공의 인사이트, 유대인 탈무드 명언』, 리텍콘텐츠, 2022.

어머니의 눈높이로, 무릎을 굽힌 어머니의 걱정으로, 나를 응원하는 어머니의 무릎으로 더 넓은 세상을 보며 자랐다. 그리고 내가 뒤돌아 있을 때도, 내가 방황할 때에도, 내가 위로가 필요할 때에도, 한결같이 나를 위해 쓰시던 어머니의 무릎으로 자랐다고 하였다. 광고에서 아이들은 부모가 생각하는 것보다 많은 부분 부모님의 노고를 알고 있다는 것을 알 수 있다.

가수 양희은 씨와 김규리 씨가 함께 부르는 「엄마가 딸에게」라는 노래에서도 부모는 자식이, 자식은 부모가 어떤 마음인지 알 수 있다. 그 마음이 온전히 느껴져서인지 이 노래를 들으면 눈물 한 바가지 흘리게 된다. 공부해라, 성실해라, 사랑해라고 끊임없이 자식에게 말하지만 '삶에 대해 아직 잘 모르기에 너에게 해줄 말이 없지만'이라는 가사에서는 실상은 부모 자신도 무엇이 진정으로 자녀를 위하는 것인지 잘 모른다는 것을 알 수 있고, 부모가 자식에게 끊임없이 무엇인가를 요구하는 것은 '네가 좀 더 행복해지기를 원하는 마음에 내 가슴 속을 뒤져 할 말을 찾는다'고 표현하는 것에 딸도 공감하고 '말하지 않아도 난 알고 있다, 엄마는 그 누구보다 나를 사랑한다는 것을'이라고 화답을 한다.

진정으로 아이를 위하고 아이의 성장 원동력이 되는 부모가 되고 싶다면 노래 가사에서처럼 현실적이고 진솔한 감정을 전달해보길 바란다.

아이를 역량자로 키우는
부모로 수선하라

세상에 공부를 잘하는 아이들만 있다면 과연 어떨까? 아마 요즘 아이들이라면 토론하느라 시끄러워서 옆에 있는 사람이 견딜 수가 없을 것이고, 과거 1등을 중시하며 주입식으로 지시하던 때라면 누가 있는지 없는지도 모를 정도로 조용할 것이다. 세상이 아름다운 건 나와 다른 사람들이 있기 때문이다. 아름다운 세상에서 공존하면서 행복하게 살아가기 위해서는 능력자보다 역량자가 되어야 할 것이다. 능력은 극히 개인만이 지녔으며, 그 개인이 아니면 활용할 수 없지만, 역량은 같은 개인이 가졌지만 다른 사람과 공유 또는 협업하면서 충분히 활용 가능한 것이다. 이러한 능력과 역량은 비슷한 듯하지만 그 활용에서는 하늘과 땅 차이다.

능력은 보유하는 것이고 역량은 성과를 보여주는 것이다. 우리는 아이들에게 100점이 가장 좋은 성적이니 100점을 받아오라고 재촉

한다. 그런데 이번에 100점을 받으면 다음번에는 몇 점을 받아와야 부모를 만족시킬 수 있을까? 아이의 잠재력을 끌어내어 역량자가 되게 하려면 덜 찬 상태에서 출발하도록 해야 한다. 만약 아이가 계속 100점을 받다가 한 번 90점을 받으면 좌절하지만, 매번 90점을 받다가 어쩌다 한 번 100점을 받으면 그날은 아이에게 그야말로 잔칫날이다. 다음에 또 100점을 받기 위해 신이 나는 것이다.

부모들은 바다로 가라고 하면 산으로 가고, 산으로 가라고 하면 바다로 가는 동화 '청개구리'처럼 말썽 피우지 않고 시키는 대로 하기를 바란다. 그러나 부모가 시키는 대로 잘하는 아이는 개척 정신과 창의력을 요구하는 시대에서 역량자가 되기 어렵다. 만약 아이의 미래를 볼 수 있다면, 미래에 어떤 일을 하고 살지를 안다면, 아무 말도 하지 않을 자신이 있는 부모는 과연 몇 명이나 될까?

아무리 내가 낳아서 기르는 자식이라도 내가 물려준 DNA만큼의 능력자는 될 수 있을지언정 내가 설계한 설계도대로 역량을 만들어준다는 것은 안타깝지만 말이 안 된다. 왜냐하면 역량은 아이 스스로 길러야지 부모, 아니 신도 대신 만들어줄 수는 없는 거니까.

아이가 역량을 기를 수 있도록 하는 지름길은 아이의 장점을 살려주는 것이 가장 우선되어야 한다. 누구나 장점이 있다는 것을 아이들은 스스로 알기가 어렵기에 주변의 어른들이나 부모가 내 아이만이 가진 장점을 말해주고 이러한 장점을 잘 살려서 각자가 가진 역량으로 발전시키도록 해줘야 할 것이다. 『이솝우화』에서 부모가 아이의 장점을 살려주는 이야기를 볼 수 있다.

두 남매를 둔 아버지가 있었는데, 아들은 아주 미남이었고 딸은 너무도 못생겼습니다. 두 남매가 어렸을 때는 누가 잘생기고 못생겼는지 알지 못하고 무럭무럭 잘 자랐습니다. 아버지는 매우 잘생긴 아들이나 못생긴 딸을 구분하지 않고 똑같이 귀여워했는데, 어느 날 두 남매는 우연히 거울을 들여다보게 되었습니다.

"야! 그러고 보니 나는 꽤 미남으로 생겼는걸."

거울을 본 아들은 자기의 아름다운 얼굴에 크게 만족했지만, 딸은 거울 속에 비친 자신의 얼굴이 너무도 못생겨서 크게 실망하였습니다. 그날부터 말도 잘 하지 않고 혼자 웅크리고 앉아서 아버지를 원망했습니다.

"얘야, 왜 그러니?"

아버지가 부드럽게 물었지만, 딸은 아버지 손을 뿌리쳤습니다.

"얘야, 그러지 말고 아버지한테 말하렴."

아버지는 딸이 아무리 사납게 굴어도 화내지 않고 부드럽게 말했습니다.

"아버지도 나쁘단 말이에요. 오빠는 저렇게 잘생긴 얼굴인데 나는 왜 이렇게 미운 얼굴로 낳았지요?"

"호오, 그래서 화가 났었니?"

아버지는 아들과 딸을 양팔로 껴안고 이렇게 말했습니다.

"얘야, 괜찮다. 너희는 거울을 보면서 이렇게 생각하도록 하렴. 오빠는 나쁜 성질이 잘생긴 얼굴을 더럽히지 않도록 하고 동생은 아름다운 마음씨를 길러서 미운 얼굴이 나타나지 않게 하면 되지 않겠니?"

아이의 호기심을 인정하는
부모로 수선하라

아이들은 어리면 어릴수록 호기심이 가득 찬 눈으로 세상을 보고 무엇이든 '왜?', '어떻게?'라고 하며 질문을 쏟아낸다. 세상에 호기심을 가지고 이것저것 살펴보면서 답을 찾는다. 앎에 대한 동기 부여가 되는 것이다. 이렇게 해서 습득된 지식은 점점 확장되고 오래 기억에 남는다. 왜냐하면 답을 찾을 때까지 스스로 사고하면서 탐구하기 때문이다. 이런 사소한 아이의 호기심도 우열을 가려서는 안 된다. 사소한 것은 크게 생각할 수 있도록 해주고 부정적인 것은 긍정적으로 생각할 수 있도록 해줘야 할 것이다.

호기심이 미래를 만든다

호기심이 생기는 이유는 지구가 끊임없이 도는 것과 같은 것이다. 우리는 지구가 돌고 있다는 것을 느끼지 못하지만 지구는 계속해서 돈다. 이렇게 돌면서 지구는 진동을 동반한다. 진동은 흙먼지나 작은 알갱이를 발생시키고 이러한 흙먼지나 작은 알갱이는 토양 사이 틈으로 들어가 아래층에 쌓이면서 상대적으로 더 큰 입자를 떠받치게 된다. 그래서 분명 밭에 농작물이 잘 자라게 하려고 큰 돌멩이를 골라냈는데 며칠 뒤엔 돌멩이가 또 밭에 있는 것을 볼 수 있다. 이처럼 작은 흙먼지가 큰 돌을 들어 올리는 힘이 있는 것과 마찬가지로 아이들의 사소한 질문에 대답만 잘해줘도 아이들의 미래가 달라질 수 있다.

호기심의 반란

초등학교 3학년 10살 아이가 〈라이언킹〉 영화를 보고 아쿠아리움에 다녀온 날 저녁을 먹고 나서 "아빠, 심바(사자)하고 상어하고 싸우면 어느 쪽이 이겨?"라고 물었다. 아빠는 난감해 하며 "말도 안 되는 것을 질문한다"며 꾸짖었다. 부모의 입장에서는 말도 안 되는 질문이지만, 아이의 입장에서는 사자와 상어는 말로만 듣던 힘이 센 동물들인데 과연 어느 쪽이 더 힘이 센지 알고자 하는 매우 중요한 질문일 수 있다. 이렇게 엉뚱한 것 같지만 어른들이 생각해봐야 할 호기심이 아이들에게는 항상 발동한다. 그야말로 '호기심 천국'이다. 사자와 상어의 싸움에서 어느 쪽이 이기는지에 대한 질문을 하는 아이는 얼핏 보면 엉뚱한 아이 같지만 사실 매우 똑똑한 아이다. 그래서 부모가 답을 잘해준다면 아이는 날개를 달고 더 똑똑한 아이로 자랄 것이다.

"숲에서는 사자가 이기고 물에서는 상어가 이기지 않을까?"라고 대답해보자. 그 대답을 듣고 보다 밝은 얼굴로 부모를 바라보는 아이의 얼굴을 볼 수 있을 것이다.

무의식적인 행동을 조심하는
부모로 수선하라

부모의 행동이 아이를 천재로 만들 만큼 부모의 행동은 아이에게 많은 영향을 미친다. 흔히 아이는 부모를 그대로 보여주는 거울이라고 한다. 이 말처럼 아이들은 부모를 보고 많은 것을 듣고 보며 행동하게 되고, 부모의 행동이 아이의 습관이 되기도 한다.

아빠는 폭력을 엄마는 절도를 가르치지 않는가?

최근 자동차의 뒤에 글로, 또는 그림과 함께 '실력은 초보, 건들면 불꽃', '건들면 터짐', '나도 제가 무서워요', '까칠한 아이가 타고 있어요', '헉! 들킨겨? 초보' 등 다양한 표현을 하고 있다. 이는 자세히 볼 것도 없이 내가 아직 운전이 미숙하므로 양보해주시고 뒤따라오면서 내가 미숙할 수 있으니 조심하라는 부탁을 하는 것이 아니라 내가 초보이기는 하지만 '건드리면 너는 죽는다'로 들릴 수 있다. 이는 다른 사람들이 느낄 기분이나 감정은 내 알 바가 아니고 나만 괜찮아야 한다는 이기주의를 나타낸 것이다. 이런 이기주의가 아이에게 폭력이나 절도를 가르치는 모양이 된 예도 있다.

아이가 놀이터에서 놀다가 또래로부터 한 대 맞고 울면서 집에 와서 "옆집 ○○이가 때렸어"라고 하면 아빠는 속상해하며 한껏 목소리를 높여 격앙된 목소리로 "옆집 ○○이가 감히 우리 아들을 때려? 너는 두 대 때리고 와! 아빠가 병원비 물어줘도 좋으니"라고 한다. 그러면 아이는 옆집 ○○이를 때리러 달려가진 않겠지만, 한껏 자신감에 부풀어 다음에 다툼이 벌어지면 돌이라도 들고 맞대응하거나 이를 시험해보려고 일부러 시비를 걸 수도 있다. 만약 그 상황에서 아이가 작은 성취감이라도 느꼈다면 그다음부터는 일부러 싸움을 만들거나 싸움을 피하지 않게 될 것이다.

다른 경우도 있다. 엄마는 내 아이와 또래가 있는 집에서 아이들은 장난감을 가지고 놀게 하고 엄마들은 차를 한 잔 마시며 이런 이야기 저런 이야기를 나눈다. 그때 시어머니께서 시골에서 올라오신다는 전화를 받고 아이에게 집에 가자고 하니 아이가 "나 아직 덜 놀았고 과일도 안 먹었다"며 가기 싫다고 한다. 그러자 엄마는 과일이 담긴 그릇을 가져가서 먹고 또래 엄마에게 그릇을 나중에 갖다주겠다고 하고 그릇과 함께 집으로 간다. 그런데 아이가 볼 때 며칠 동안 우리 집에 그 그릇이 그대로 있는 것을 본다. 결국 아이는 남의 것과 우리 것의 경계가 없어져 버린다. 그러면 다음에 아이는

'그릇 같은 옆집 물건이 우리 집에 있어도 괜찮구나'라고 별 대수롭지 않게 생각하게 되고, 옆집의 그릇 하나쯤은 아무렇지도 않게 가져올 수도 있다고 인식하게 될 것이다.

아이의 기를 살리는 말을 하는
부모로 수선하라

우리나라 속담에는 '말 한마디로 천 냥 빚을 갚는다'는 말이 있다. 말 한마디가 천 냥 빚을 갚을 정도로 힘이 있을 수 있다는 것이다. 그만큼 말은 사람이 살아가는 데 꼭 필요한 공기와 음식 다음으로 삶과 밀착된 것으로 뗄 수 없는 것이다.

말의 기원은 신비의 장막에 싸여 있지만, 인류학자들은 아무리 짧게 잡아도 100만 년 전이나 좀 길게 잡으면 500~600만 년 전에 출현했다고 본다. 그중에서 17, 18세기 이래 말의 기원에 관한 여러 가설(假說)을 제기하기 시작한 유럽 학자들의 가설은 다음과 같다.

의성어(擬聲語)와 같은 자연의 소리를 흉내 낸 데서 기원하였다는 '멍멍설(Bow-wow theory)', 놀라움이나 기쁨 등 느낌에서 자연히 우러나오는 소리에서 기원하였으리라는 '감탄사설(Pooh-pooh theory)', 여럿이 함께 노동하면서 지른 소리나 노래에서 나왔으리라는 '노동

요설(Yoo-hee-hoo theory)' 등, 20세기에도 원시 사회에서 서로 접촉하거나 도움을 청하거나 함께 노동하는 과정에서 몸짓에 따른 목소리가 점차 발달했으리라는 설 등이 제기되기도 했다.

말이 아무리 대단하고 중요하지만 그 힘의 세기를 말로 다 설명하기는 어렵다. 사람은 누구나 이 세상에 태어나면 울음으로 의사 표현을 하다가 크고 작은 시행착오를 거치면서 점차 말(언어)을 하게 된다. 이 과정에서 사람마다 조금 올되거나 늦되는 차이가 있다.

인류의 능력이 다른 동물들보다 뛰어나다고 하는 이유는 바로 이 말 때문이라고 볼 수 있다. 사람의 말은 완전히 기호화(記號化)되어 있어 말을 주고받는 그 현장을 떠나서도 의미가 통하지만 동물들은 울음소리로 뜻을 전달하고, 그 신호가 자연 그대로거나 그들만의 송수신 수단으로 국한되어 있다. 그러므로 사람의 말은 부정적인 말이든 긍정적인 말이든 전달되고 또 전달되어 널리 퍼져나가기도 하고 전승되어 세대를 초월하기도 한다. 이처럼 말의 힘은 헤아릴 수 없을 만큼 센 것이다.

아이의 기를 살리는 부모의 말 한마디

같은 말이라도 누가 하느냐에 따라 받아들이는 사람에게는 다르게 전달된다. 특히 자녀에게 부모의 말 한마디는 아이의 미래와 인생을 결정할 수 있을 정도로 대단한 영향력을 발휘한다. 그런데도 우리 부모들이 흔히 저지르는 오류 중 하나가 일관성 없는 행동이다. 같은 상황이나 같은 대화에서 어른이 아이를 대할 때 일관성 없게 행동할 때가 있다. 같은 아이에게 어떤 때는 주관이 없고 어떤 때는 주제가 넘는 것으로 여기기도 한다. 예컨대, 어느 날 가족여행을 어디로 갈지 결정하는 자리에서 아이가 여행 장소를 제안했다고 하자. 이때 부모가 "나이도 어린 것이 네가 뭘 알아"라며 핀잔을 준다면 아이는 다음에 비슷한 상황에 놓였을 때 의견을 내지 않게 될 것이다. 하지만 그다음 같은 상황에서 부모가 "너도 이제 함께 의논할 나이가 되었으니 함께 여행 장소를 제안해라"고 말한다면 아이는 어떤 생각을 할까? 아마 부모의 일관성 없는 말과 행동에 어떤 선택을 해야 할지 헷갈리게 될 것이다.

부모의 말은 아이가 할 수 있는 생각의 폭을 넓힐 수도 있고 줄일 수도 있을 만큼 힘이 세다. 무엇이든지 잘 쓰면 약이 되고 못 쓰면 독이 된다는 것을 모르는 사람은 없다. 부모의 말도 상황에 맞게 잘하고 못하고에 따라서 아이의 인생이 바뀔 수도 있다. 앞서 언급된 '말 한마디로 천 냥 빚을 갚는다'는 우리 속담도 괜히 나온 말이 아니라 사람이 사는 동안 말의 진정한 힘을 실제 경험하고 후손들에게 그 중요성을 일깨워 준 것이다.

프랑스에서 혁명이 일어났던 1789년 평소 신장 결석으로 고생하던 레세르 후작은 에비앙 마을에 휴양차 방문했다. 에비앙에 거주하던 후작은 친구인 카사의 정원에서 솟아오르는 지하수를 주기적으로 마셨고, 오랫동안 그를 괴롭혔던 신장결석이 기적처럼 완치되었다. 우연의 일치일지 모르지만 이 소식이 전해지자 에비앙 마을은 이 지하수를 마시길 원하는 사람들로 발길이 이어졌다. 의사들 역시 에비앙 물을 처방해주었으며 나폴레옹 3세의 황후 역시 에비앙 생수를 마셨다. 에비앙을 방문하는 사람들이 많아지자 카사는 1824년 자신의 정원을 폐쇄하고 생수를 생산하기 시작했다. 그 후 일반적인 물을 판매하는 것이 아닌 치료 효과가 있는 '신비의 물'을 판매한다고 소문을 낸 카사는 자신의 이름을 딴 '카사의 물(Source Cachat)'이라는 명칭을 붙여 판매하였다. 현재까지도 에비앙 생수는 비싼 가격임에도 불구하고 많은 이들이 사 먹는다. 사실 신장결석은 에비앙 생수의 효과가 아니라 물만 많이 마시면 자연적으로 치유되는 것인데도 말이다.

말은 한 마을을 치유의 마을로 만들 수 있을 만큼 힘이 세다. 우리 아이들에게도 "너는 잘할 거야, 너만이 이것을 할 수 있어"라고 해준다면 말하는 대로 될 것이다.

아이의 기적을 만드는 부모의 말

말의 힘도 대단하지만 부모의 말은 더욱 강해서 그 세기를 측정할 수 없을 만큼 세다. 부모의 말은 아이의 기를 살릴 수도 있고 기를 꺾을 수도 있다. 즉 부모의 말 한마디가 아이에게는 기적을 만들 수도 있다. 아이의 기적을 만드는 부모의 말은 대단한 것이 아니다. 그 자리에서 역할만 잘 수행하면 되는 것이다. 그런데 자식과 다르게 부모는 역할이라는 가면을 쓰고 아이에게 때로는 약이 되는 말도 하지만 때로는 독이 되는 말을 하기도 한다. 물론 말이 약이 되는가 독이 되는가는 듣는 자식의 입장에 따라 다를 수 있다. 달리 말하면 부모의 말은 자녀에게 크게 영향을 미친다는 의미이며, 부모의 말 한마디는 기적을 만들어내기에 충분한 힘이 있다.

'신의 손'이라 불리는 벤 카슨은 미국의 디트로이트 빈민가에서 태어나 8세 때 부모의 이혼으로 어머니의 손에서 자라면서 불량소년들과 어울려 싸움질만 일삼는 흑인 소년이었다. 카슨은 초등학교 내내 항상 꼴찌를 도맡아 하는 학습 부진아였고, 초등학교 5학년까지 구구단을 암기하지 못했다. 산수시험에서 한 문제도 맞히지 못하여 언제나 친구들의 놀림감이 되었다. 하지만 벤의 엄마 소냐 카슨은 아들에게 "벤, 넌 마음만 먹으면 무엇이든 할 수 있어! 노력만 하면 할 수 있어!"라는 말을 끊임없이 들려주면서 격려와 용기를 주었다고 한다. 벤 카슨은 중학교에 들어가면서 어머니의 말을 생각하며 공부에 집중하기 시작했다. 결국 의과대학에 입학하여 존스홉킨스 병원의 신경외과 의사가 되었고, 세계 최초로 머리와 몸이 붙은 채 태어난 샴쌍둥이 분리 수술에 성공했다. 어두운 어린 시절을 극복하고 세계적인 외과 의사가 된 비결은 절망적인 상황 속에서도 보여준 '어머니의 한마디 말의 힘' 덕분이었다고 한다.

성공한 사람의 배경에는 반드시 성공을 만들어준 말이 있다. 특히 부모의 말은 더욱더 기적을 만든다. 말은 보이지 않지만 무한한 창조력과 힘을 가진 인생 최대의 에너지다. 말은 다른 사람에게 상처를 줘서 죽이기도 하고 힘과 용기를 줘서 살리기도 한다. 그리고 말은 실패를 만들기도 하고 성공을 만들기도 한다. 햇빛의 방향에 따라 나무의 모습이 바뀌듯 부모의 한마디는 자녀의 행동을 기적적으로 바꾸는 힘이다.

> "인생에서 가장 훌륭한 것은 대화다.
> 그 대화를 완성하는 것은 사람들과의 관계다.
> 서로 이해하라. 관계를 두텁게 하라."
>
> ‑ 랄프 왈도 에머슨 『나와 마주서는 용기』 중

부모가 아이를 향해 쏟아내는 말은 생명의 씨가 되어 아이를 자라게 한다. 아무리 절망스러운 환경 속에서도 소망을 잃지 않고 긍정적인 태도로 반응해주면 기적을 만들어낼 수 있다. 기적을 만드는 부모는 "그것 하지 마!", "이것 해!" 등의 명령어보다 "이것 좀 해 줄래?", "이것 하면 어떨까?" 등으로 말한다. 청유형으로 말하는 것은 아이를 사고력이 확장된, 폭넓은 사고의 힘을 소유한 사람으로 자라는 기적을 만든다.

아이를 인정하는 부모의 말

우리가 자신과 싸우는 걸 중단하면 비로소 자신의 문제와 싸울 수 있게 되고, 문제로부터 도망가지 않으면 문제를 극복할 수 있다. 작가 김수정의 '아기공룡 둘리'는 한국만화의 대표적인 캐릭터로 미국 디즈니, 일본만화에 견주는 캐릭터다. 1983년 처음 세상에 선보여진 이후 지속해서 폭넓은 사랑을 받는 최고의 악동 작가다. 그가 어렸을 적만 해도 화가는 '배를 곯기 일쑤인 이른바 환쟁이'라고 분류된 기피 직업이었다. 그러나 그의 아버지는 달랐다. 사람들이 지나다니는 시장 골목 벽에 아들(김수정)이 그린 그림과 상장을 걸어두고 "우리 수정이가요, 일곱째거든요. 임마가 그림을 잘 그려서 학교에서 상을 탔어요"라며 지나가는 사람에게 "보이소, 잘 그렸지예"라며 하던 일을 멈추고 손으로 그림과 상장을 가리키며 자랑하곤 하였다. 그런 아버지를 지켜보면서 김수정은 자신이 자랑스럽고 뿌듯했다. 더불어 아버지의 자랑을 들은 지나가던 사람들도 "기특하다"며 등을 두드려주었다.

상장을 골목에다 걸어 놓은 것은 자식 자랑을 위한 것이 아니라 아들의 기를 살려주기 위한 아버지의 속 깊은 배려였다. 또한, 아버지는 '시골에서는 꿈을 실현하기 어려우므로 대도시 등으로 가야 한다'는 환경적인 것을 언급하였다. 후일 김수정은 자신의 꿈을 실현할 수 있도록 해준 결정적인 원동력은 아버지라고 말한다.

아이를 키우면서 칭찬은 중요하다. 칭찬은 말 한마디로 기적을 일으킨다고 할 만큼 상대에게 자신감을 갖게 하고 자존감 높은 아이로 성장하게 하기 때문이다. 좋은 칭찬을 많이 받은 아이들은 자기긍정감이 높아져서 무엇이든 해보고자 하는 적극성과 도전의식이 뛰어나다. 적절한 칭찬은 아이가 타인과의 관계에서도 긍정적인 관계를 형성할 수 있도록 돕는다.

아이의 미래를 결정하는 부모의 말

부모 말을 잘 듣는 아이들은 공통으로 부모의 말씨가 강압적이지 않고 비록 자녀일지라도 존중하는 어휘를 사용한다. 현대사회의 빠른 변화 속에 우리의 언어도 많이 달라져 왔다. 하지만 그 어떤 변화가 올지라도 고운 말을 사용해야 하는 것은 변하지 않았다. 부모는 아이들에게 독재적이고 명령적 언어보다 듣기 좋아하는 언어를 사용하고 의견을 나누며 상호 존중하는 것이 중요하다. "책 읽어라, 공부해라, 숙제해라"처럼 지적하고 명령하는 말들이 습관처럼 입에 붙어 아이에게 말하고 있지는 않은지 부모 자신을 돌아보아야 할 것이다. 많은 부모가 마음은 늘 자식이 잘되기를 바라면서 말은 자신도 모르게 잔소리나 부정적인 어투를 쏟아낸다. 그러면 아이들은 '내가 정말 그런가?'라며 가슴에 상처를 쌓아간다.

극지방 탐험대 중에 1913년 북극탐험 캐나다의 칼럭호와 1914년 남극탐험 영국의 인듀어런스호가 있었다. 두 탐험대는 갑자기 얼어버린 바다에 갇히게 되었는데, 이때 칼럭호 대원 11명은 모두 사망했고 인듀어런스호 대원 28명은 모두 생존했다. 그 이유는 캡틴의 리더십이었다. 칼럭호의 대장 스테판슨은 '나의 명예를 더럽히지 말라'고 하며 나를 먼저 생각한 결과 조난이 발생한 지 수개월 만에 이기적인 집단으로 변했고 11명 모두 비참한 죽음을 맞이하였다. 반면, 인듀어런스호의 대장인 어니스트 섀클턴은 남극대륙 횡단이 불가능하다고 판단되자 과감히 목표를 '전 대원의 무사 생환!'으로 수정하였다. 그 결과 믿기 어려운 팀워크로 모두 살아남았으며 '위대한 실패'라고 불렸다. '살아있는 한 결코 절망하지 않았던' 새클턴은 탁월한 리더십으로 지금도 전해지고 있다.

이 사례를 부모와 아이의 관계로 보면 새클턴은 부모, 대원들이 자녀, 인듀어런스호가 가정이다. 망망대해 배 안의 선장처럼 부모의 말 한마디가 아이들의 기를 살리거나 죽일 수도 있으며 아이들의 미래 설계를 도울 수 있다. 다시 말해 부모의 말 한마디에 우리의 아이들은 기쁨과 슬픔, 용기와 좌절을 맛보며 또한 상처를 입기도 하므로 하고자 하는 말이 아이에게 어떤 영향이 미치게 될지 생각하고 말해야 한다는 것이다. 아이는 부모가 '말하는 대로' 된다.

부모의 칭찬 한마디에 아이는 웃기도 하고 울기도 한다

누구나 한 번쯤은 칭찬을 받고 기뻐했던 적이 있을 것이다. 칭찬은 사람을 변화시키는 강력한 동기가 되며, 칭찬을 받는 사람뿐만 아니라 하는 사람에게도 긍정적인 영향을 미친다. 하지만 아무리 좋은 약이라도 잘못 사용하면 독이 될 수 있는 것과 마찬가지로 지나친 칭찬은 오히려 역효과를 가지고 올 수 있으므로 적절하게 좋은 칭찬을 하는 것이 중요하다.

켄 블랜차드는 『칭찬은 고래도 춤추게 한다』에서 칭찬의 방법이 정확할 때 더욱 놀라운 효과가 나타날 수 있다고 말한다. 말은 한마디로 사람을 웃게 할 수도 있고 울게 할 수도 있다. 그렇다면 이왕

하는 말, 칭찬으로 웃게 해야 할 것이다.

이창호는 『칭찬의 힘』*에서 사람을 변화시키는 언어표현 수단 중 칭찬이 사람을 긍정적인 방향으로 변화시키는 역할을 하는 것으로 보았다. 그는 칭찬이 모두가 안 된다고 할 때 거뜬히 해내도록 하는 힘, 상대방을 인정하는 가장 빠르고 효과적인 방법이라고 한다.

헬렌 켈러는 듣지도, 보지도 못하고 말을 하지도 못하지만 설리번 선생님의 칭찬으로 타인과 소통하게 되는 기적을 만들어냈다.

칭찬은 현재를, 결과보다 과정을 구체적으로 하라

부모가 아이에게 건네는 칭찬은 최대한 구체적으로 해야 한다. 아이가 학교에서 활동한 것들을 부모에게 보여주거나 숙제를 스스로 했다고 말할 때 그냥 "잘했네"가 아니라, "무엇을 만들었는데 어떻게 만들어서 잘 만들었네", "뭐에 대해서 시로 표현한 것 같은데 이 부분이 특히 마음에 와 닿는다"든가, "숙제를 스스로 해내다니 자랑스럽다" 등 구체적인 이유를 덧붙여 말해줘야 한다.

칭찬은 지금 현재 상황에서 구체적으로 해야 한다. 같은 칭찬이라도 지금 바로 하는지, 시간이 지나고 하는지는 그 효과가 천지 차이다. 칭찬은 미뤄두었다가 나중에 하면 칭찬에 대한 신뢰도가 떨어진다. 이 말은 감동이 없어져 버렸기 때문에 입에 발린 소리로 들

---

*　　　이창호, 『칭찬의 힘』, 해피&북스, 2005.

릴 수 있다. 그래서 칭찬은 미뤄두었다가 하면 안 하는 것보다는 낫겠지만 긍정적인 효과를 기대하기는 어렵다.

칭찬은 결과보다는 과정이어야 한다. 물론 결과에 대한 칭찬도 중요하지만 노력한 과정과 행동을 칭찬하는 것이 훨씬 더 효과적이다. 열심히 노력했는데 노력의 결과에 대해서만 말한다면 칭찬받지 못하는 결과에 대한 실망감이나 좌절감이 커지게 된다.

좋은 칭찬 vs 나쁜 칭찬, 칭찬의 기술 10가지[**]

① 칭찬할 일이 생겼을 때 즉시 칭찬하라.

② 잘한 점을 구체적으로 칭찬하라.

③ 가능한 한 공개적으로 칭찬하라.

④ 결과보다는 과정을 칭찬하라.

⑤ 사랑하는 사람을 대하듯 칭찬하라.

⑥ 거짓 없이 진실한 마음으로 칭찬하라.

⑦ 긍정적으로 관점을 전환하면 칭찬할 일이 보인다.

⑧ 잘못된 일이 생기면 관심을 다른 방향으로 유도하라.

⑨ 일의 진척이 여의치 않을 때 더욱 격려하라.

⑩ 가끔 자기 자신을 스스로 칭찬하라.

[**] 출처: 켄 블랜차드, 『칭찬은 고래도 춤추게 한다』, 21세기북스, 2003.

아이를 변화시키는 칭찬의 힘

한 그루의 나무를 자라게 하려면 물과 공기와 따스한 햇볕이 필요한 것과 마찬가지로 우리 아이들을 잘 자라게 하려면 칭찬이라는 자양분이 필요하다. 칭찬은 미처 깨닫지 못했던 마음에 열정을 불어넣어 새로운 꿈을 꾸게 하고, '하면 된다'는 가능성을 심어주어 아이를 무럭무럭 자라게 하는 비결이며 힘이다. 내 아이가 좋아하는 것을 할 수 있도록 만들고, 자신감이라는 날개를 달아 밝은 미래를 향해 날아갈 수 있도록 해주는 것, 그게 바로 '칭찬'이다.

한국이 낳은 세계적인 클래식 음악가 첼리스트 정명화, 바이올리니스트 정경화, 피아니스트 겸 지휘자 정명훈, 이 정트리오 뒤에는 어머니 이원숙이 있었다. 이원숙은 이들에게 "어쩜 이렇게 못하냐?"는 말은 단 한 번도 하지 않았다고 한다. 대신 자신이 어릴 때 아버지께 배운 것처럼 "된다, 된다"만 하셨다고 한다.

1930년(당시 13살) 함경남도 원산에서 이원숙의 아버지(이가순)는 이원숙의 성적표를 보며 "병(丙)정(丁), 병(丙)정(丁)"이라 말하며, "병(丙)정(丁)이 칼을 쭉 차고 나왔네"라며 웃으셨다고 한다. 옆에 있던 언니가 "성적이 이게 뭐니? 이것 가지고는 중간도 못 하겠다"라고 하자 아버지께서 "괜찮다. 공부야 어쨌든 인간성이 중요한 거야, 사람만 되면 된다"라고 말씀하셨다. 그러자 언니가 다시 "사람만 되면 뭘 해, 실력이 있어야죠. 안 그래요, 어머니?"라고 했다. 어머니께서는 그저 아버지를 바라보며 웃으시자 아버지께서 "흐흐 녀

석, 원숙이도 마음만 먹고 뭐든지 하려고만 들면 다 잘할 수 있을 거다. 두고 봐라"라며 단언하셨다고 한다. 원숙은 이 방법을 자식들에게 그대로 적용했다. 잦은 칭찬으로 자신감을 심어준 것이 아이들에게 무엇보다 큰 힘이 되었다.

전략적으로 아이와 대화하는
부모로 수선하라

세상에 똑같은 아이도 없을 뿐만 아니라 세상이 우리에게 꼭 정의롭지만도 않다. 그러므로 TV에 나오거나 옆집 부모가 하는 것을 똑같이 내 아이에게 적용하는 것은 무모한 것이다.

세상에 똑같은 아이는 하나도 없다. 그러므로 우리 부모가 살면서 꼭 알아야 할 것은 지식이 아니라 내 아이가 무엇을 하고 싶어하는지다. 인터넷에 있는 것 중 재미로 보는 것이지만 혈액형으로 아이의 행동을 아는 것이 있다. 어느 유치원에서 선생님께서 잠시 자리를 비우면서 "얘들아, 이 선을 절대 넘어오면 안 된다"라고 하였다. 이때 B형은 선생님 말씀이 떨어지자마자 이미 선을 넘고 있었고, O형은 넘을까 말까 하며 주변을 살피고, A형은 선 근처에서 자동차를 굴리고 있고, AB형은 선생님이 돌아왔을 때 다른 아이들의 동태를 알린다. 이렇게 하나같이 다른 아이들은 학교에서는 성적이나 입시, 취업과 스펙을 위한 것을 배운다. 자신만이 할 수 있는 일을 학교에서는 알려주지 않는다. 그래서 살면서 필요한 '생존전략'은 부모가 가르쳐야 한다. 거창한 것이 아닌 작아도 기본이 되는 것을 알려줘야 한다.

자식만큼 막대한 투자가 필요한 것이 없을 것이다. 그렇게 투자한다고 해도 실적이 분명하지 않다. 막무가내로 투자하는 것이다. 어쩌면 너무 많이 무분별하게 투자하여 아이는 과부하일지 모른다. 그러므로 아이와의 대화를 통해 긍정적인 효과를 거두기 위해서는 전략이 필요하다.

이러한 전략으로 손꼽히는 것은 괴테의 어머니로부터 알 수 있다. 괴테의 어머니는 베갯머리 교육으로 추리력을 키워준 것으로 잘 알려져 있다. 괴테는 자신의 문학적인 자질이 어린 시절 베갯머리에서 어머니가 들려주었던 전래동화에서 출발했음을 고백한 적이 있다. 괴테의 어머니 카타리나는 글을 겨우 읽고 쓰는 정도였지만 괴테가 잠들기 전에는 꼭 전래동화를 한 편씩 들려주었다고 한다. 이때 이야기의 결말 부분은 들려주지 않고 어린 괴테에게 상상하여 완성을 해보라고 하는 전략을 사용하였다고 한다. 이 결과로 괴테는 상상력과 추리력, 창작 습관까지 기를 수 있었다.

우리 아이의 성공을 원한다면 부모의 욕망을 대리만족하려 하면 안 된다. 욕심을 하나하나 내려놓는다면 아이에게 보약을 먹이는 것보다 훨씬 더 기를 살리는 효과가 있을 것이다. 만약 아이 스스로 "나는 어떤 목표든지 달성할 수 있다"고 생각한다면 부모로서

100% 성공했을 뿐만 아니라 자녀에게 가장 큰 축복을 준 것이다. 하지만 그렇게 자신만만한 아이는 그리 많지 않다. 그렇다면 답은 하나다. 아이와 대화를 할 때 부모의 입장을 고집하지 말고 융통성 있게 전략을 짜야 할 것이다.

길을 걷다 돌부리에 걸리면 이것은 걸림돌이 되지만 냇가를 건널 때 물가에 놓인 돌은 고마운 디딤돌이 된다. 부모의 대화 전략을 걸림돌로 쓸지, 디딤돌로 쓸지는 부모가 판단해야 한다.

부모는 다른 아이까지는 잘 몰라도 내 아이는 너무나 잘 안다. 하지만 욕심이 눈을 가려서 계획한 전략이 잘 실천되지는 않는다. 그러나 부모라면 내 아이에게 가장 잘 어울리는 방법으로 대화할 수 있어야 한다. 긴 시간의 대화가 아니라 짧은 시간이라도 질 높은 대화를 하는 것이 필요하다.

아이의 성공을 만드는 소통 전략

아이를 키우는 부모의 가장 큰 고민 중 하나는 원만한 소통을 하는 것이다. 그래서 부모교육 전문가들은 'I message 전달법'이나 끝을 '-구나'로 하라는 말이 나올 만큼 어려운 것이다.

최근 여성가족부가 설문 조사한 바에 따르면, 초등학생이 생각하는 좋은 부모는 '자신의 말을 잘 들어주고 함께 많은 시간을 보내며 남과 비교하지 않는 부모'라고 한다. 이처럼 부모와 자녀의 좋은 소통은 아이가 어떤 말을 할 때 그 내용뿐만 아니라 말을 하는 이유와

그때 느낀 감정 등을 깊이 이해하며 아이의 편에서 말을 잘 들어주는 것이다. 아무리 바쁜 일이라고 하더라도 아이의 말을 들어주는 것보다 더 중요한 일은 없을 것이다. 그러므로 아이와 대화할 때 아이의 눈을 바라보고 아이가 말하는 것을 편견 없이 들어주고 공감해주는 것이 필요하다.

아이가 여섯 살 때, 퇴근길에 유치원에 들러 아이를 데리고 와서 정신없이 저녁을 준비하고 있었다. 그때 아이가 "엄마 이거 뭐야?"라며 스티커북을 들고 와서 물었다. 집안일을 하느라 혼이 빠져 있던 나는 아이를 제대로 쳐다보지도 않고 "이것만 다 하고 같이 놀아줄게"라고 얼버무리며 말했더니 아이는 칭얼대다가 방으로 가버렸다. 나중에 생각해보니 집안일은 나중에 해도 된 거였고, 아이의 질문에 답은 그때 바로 해줬어야 하는 게 맞다는 것을 깨달았다. 두 시간도, 세 시간도 아닌 십 분 또는 이십 분만 아이와 집중해서 놀아주면 아이는 만족하며 혼자 있는 시간에도 칭얼대지 않는다. 그러니 부모는 선택해야 한다. 당장 집안일이 급한지 아이에게 맞장구치고 놀아주며 지지해주는 것이 먼저인지를 말이다. 이런 과정을 통해 부모를 전적으로 믿고 원활한 소통을 하게 되는 아이들은 자신의 이야기를 주저하지 않고 터놓는다. 이것이 바로 진정한 대화고 소통이며, 이로써 아이를 바르게 양육하는 길이 된다.

'콩 심은 데 콩 나고 팥 심은 데 팥 난다'고 하였다. 그렇다면 우리는 '자녀와의 소통에 성공을 심으면 성공이 될 것이다'.

아이의 문제해결력을 높이는 부모의 소통 전략

문제해결력은 아이들이 세상을 살아가는 데 매우 중요한 역량이다. 이러한 문제해결력은 일상생활을 하면서 맞닥뜨리게 되는 상황에서 증진될 수 있다. 특히 어떤 상황에서 부모가 말하는 방법만 바꿔도 아이의 문제해결력을 높일 수 있다. 명령형이나 부정형의 말투보다 청유형이나 긍정형의 말투에서 더욱 그렇다.

9살과 10살 연년생인 자매가 옷 하나를 두고 서로 싸우고 있을 때 "또 왜 싸우니? 날마다 싸우는 이유가 도대체 뭐니?"라고 하면 아이들은 어떤 반응을 할까? 언니는 "동생이 내 허락도 없이 내가 입으려고 챙겨 놓은 옷을 맨날 입고 가버리잖아"라고 말할 것이고 동생은 "떨어지는 것도 아닌데 좀 입으면 어때서 맨날 때리잖아" 등으로 각자 변명하기 바쁠 것이다. '왜 싸우니?', '왜 그러니?'처럼 '왜?'처럼 변명밖에 할 수 없는 질문을 던지는 것이 아닌 "싸우는 이유가 무엇인지 엄마한테 말해주겠니?"라고 청유형으로 말하면 아이는 "내가 학교에 입고 가려고 준비해두었는데 동생이 먼저 입고 가버리잖아요"라고 말할 것이고 엄마는 "그랬구나. 네가 준비해둔 옷을 동생이 먼저 입고 가버려서 속상했겠네"라고 아이의 마음을 알아주는 말 한마디를 건넬 수 있다. 그러면 아이는 금방 "그래서 때렸어요"라고 싸운 이유에 대해 말을 할 것이다. 그때 엄마는 "동생을 때리지 않고 다음에는 언니가 준비해둔 옷을 입고 가지 말라고 할 방법은 없을까?"라고 한다면 아이에게 마음의 상처를 남기지 않고 다음에는 옷을 따로 보관해두는 방법을 찾을 수 있고 동생을 때리게 되는 상황을 없애 문제를 해결할 수 있도록 돕게 된다.

명령어 대신 청유형

① 밥 먹어라.

→ 밥을 깨끗하게 잘 먹으니 엄마가 청소도 편하고, 음식물 쓰레기가 줄어서 환경이 보호되네.

② 빨리 일어나라, 지각한다.

→ 일찍 자고 일찍 일어나니 아침밥 먹고 친구들과 같이 학교에 갈 수 있네.

③ 책 치우고 놀라고 했잖아.

→ 읽은 책을 정리정돈 하고 놀이를 하니 정말 멋지구나!

청유형은 말하는 사람이 듣는 사람에게 요청하고 제안하는 말투로, 듣기에 강압적이지 않아 친절하게 느껴진다. 그러므로 아이들은 당연히 존중받는 느낌이 들기 때문에 시켜서 하는 일이 아니라 자발적으로 즐겁게 하게 된다.

자녀를 성장시키는 부모의 언어습관 전략

아이를 키우다 보면 종종 아이에게서 내 모습을 볼 때가 있다. 그 모습은 바로 내가 살면서 아이에게 보여준 것이다. 특히 말투나 행동은 부모와 똑같아서 깜짝 놀랄 정도인데, 부모의 언어습관이 아이에게 미치는 영향이 크기 때문이다.

　김창옥 강사는 결혼을 하기 전 상대 부모의 언어와 집안의 대화 방식을 보는 것이 중요하다고 하였다. 부모가 말을 예쁘게 하면 그 자녀는 자연스럽게 언어와 행동이 예쁜 사람으로 자란다. 그런 부모는 말로 자녀에게 상처 주지 않을 뿐만 아니라 그 안에 배려와 사랑이 담겨 있고, 아이의 말을 잘 경청하며 있는 그대로 수용한다. 결론적으로 부모의 언어습관은 자녀의 언어습관에도 영향을 미치며 세상과 소통하는 아이로 성장시킨다.

　『어린 왕자』에 나오는 한 일화가 있다. 어린 왕자가 조종사에게 양 그림을 그려달라고 해서 그려주었더니 그려줄 때마다 병들어 보이고, 염소 같고, 늙었다며 불평을 했다. 그래서 상자 하나를 그려주며 "네가 원하는 양이 이 상자 안에 있다"고 했더니 어린 왕자는 마음에 딱 드는 양이라며 만족해했다.* 조종사가 그렸던 양처럼 세상이 정해놓은 잣대로 부모가 일일이 제시하는 것이 아니라 원하는 양을 떠올릴 수 있도록 그려준 상자처럼 아이가 자기 관점에서 생각한 것을 말할 수 있도록 격려하는 언어습관만 가져도 아이는 충분히 미래를 향해 마음껏 달릴 것이다.

　부모가 무한정 노력해도 모든 아이가 성공하는 건 아니다. 그러나 부모의 말 한마디는 아이의 미래를 결정할 만큼 강력하다.

---

*　　생텍쥐페리, 『어린 왕자』, 갈리마르, 1943.

자녀가 '불가능'을 모르게 하는 부모의 언어 전략

'이것 해라, 저것 해라' 하고 딱 꼬집어 무엇인가를 말하면 아이들은 "난 자신 없어"라고 말한다. 하지만 "무엇이든지 하고 싶은 것을 해봐"라고 하면 실패했을 때 "너라면 할 수 있을 거야, 좀 더 생각해봐"라고 격려한다면 아이는 다시 도전할 용기를 가질 것이다.

호박벌은 몸뚱이가 호박색이라서 호박벌이라고 불리는데, 이 호박벌은 몸은 큰데 날개가 아주 작아서 공기역학적으로 날 수 없는 구조를 가졌다. 하지만 오직 꿀을 얻기 위한 목적만을 가지고 하루에 약 $200km$를 비행한다고 한다. 여기에 불가능을 가능하게 만드는 비밀이 숨겨져 있다. 호박벌은 태어나자마자 다른 벌들의 날갯짓을 보고 자신도 1초에 200회 이상의 날갯짓을 해서 날개 안쪽에 튼튼한 근육을 만든다. 덕분에 날아오르는 것을 당연한 것으로 받아들여 자신이 날 수 없다는 사실을 모른다. 호박벌의 비행을 향한 긍정의 날갯짓이 모여 기적을 만든 것이다.

우리도 가끔은 이렇게 미련하게, 무턱대고 도전할 필요가 있다. "안 돼, 할 수 없어"라는 불가능보다 "할 수 있어"라는 강한 자신감을 심어주어 날갯짓을 멈추지 않도록 독려해야 한다. 마찬가지로 부모가 무엇이든지 가능하다고 믿으면 아이는 불가능이 무엇인지 모르고 부모의 긍정적인 생각을 보며 강한 자신감으로 날갯짓을 멈추지 않을 것이다.

역발상으로 '불가능'을 모르게 하는 전략

세계에서 가장 높은 건물은 사우디아라비아의 홍해연안 항구도시 제다의 킹덤타워다. 킹덤타워는 우리나라의 제2롯데월드(555m)보다 2배 정도 높고, 북한산(836m)보다 훨씬 높고, 강남 테헤란로의 1/3, 두바이의 부르즈 칼리파(828m, 총 160층으로 이루어져 있으며 세계에서 가장 높은 '자립구조물')보다 172m가 높다. 킹덤타워는 200층으로 건설되며 160개 층이 주거시설, 157층에는 거대한 야외 테라스도 만들어지는데, 세상에서 가장 무시무시한 야외 테라스인 셈이다. 총 건설 비용은 12억3천만 달러다. 한화로 1조2천억 원이 넘는 돈이다. 세계에서 가장 높은 건물이 사막에 지어진다는 것은 역발상이 아니면 불가능한 것이다.

> "저 아이에게 안 가르쳐 주었던 단 한 단어는 '불가능'입니다."
> "다른 사람들은 알파벳 a, b, c, d부터 배우지만 너에게는 b, l, a, c, k부터 시작이야."
> "인생은 아이스크림이에요. 녹기 전에 맛있게 먹어야죠."
> "검은색은 어둠과 악마의 색만은 아니다. 성취의 색, 지식의 색은 검은색이다. 그래서 졸업식 날 가운이 검은색이다."
>
> - 영화 <블랙> 중

영화 <블랙>에서도 '불가능'을 모르는 아이는 기적을 일으키는 것이라고 한다. 우리 아이들도 사는 동안 불가능이 무엇인지 애초에 모르고 살아간다면 공기역학적으로 날 수 없는 몸을 가졌다거나, 모래땅이어서 높은 빌딩을 지을 수 없다는 생각을 하지 않게 될 것이다. 이렇게 불가능을 모르고 살아갈 수 있도록 해주는 것이 부모의 몫이다.

아이에게 자다가도 떡이 생기는 부모 말의 전략

부모의 말 한마디에 잠자고 있는 아이에게 떡이 생긴다면 안 할 부모는 없을 것이다. 기본기가 탄탄해야 공부를 잘할 수 있듯이 어린 시절에 건강한 가치관을 확립한 아이는 삶을 지혜롭고 행복하게 살아갈 수 있다. 아이의 건강한 가치관 확립은 부모의 말 한마디가 만든다.

아이가 어떤 실수를 하기라도 하면 "부모 말을 안 들어서 그렇다"고 단정적으로 말하면서 "내 말대로 하면 자다가도 떡이 생긴다"고 강조한다. 자식이 실수하는 꼴을 못 본다. 물론 실수를 하지 않으면 좋기는 하지만 실수를 하고 실패의 쓴맛을 보지 않은 사람은 흔히 말하는 융통성도 없고 발전도 없다. 인간에게 실수는 더 나아갈 수 있는 방향이 되어준다. 실수는 어릴 때 박차를 가할 힘이 될 수 있다. 부모가 뒤에서 안전장치가 되어줄 때 실수를 한다면 부모가 보완해줄 수 있기 때문이다.

'빨간모자'는 늑대의 뱃속에서 탈출한 뒤에 '앞으로 어머니가 길에서 벗어나 숲으로 들어가지 말라고 하시면 꼭 어머니 말씀대로 해야지'라고 결심한다. 이는 부모가 '이래라저래라' 한 것이 아니고 빨간모자 자신이 경험하고 느낀 것이기 때문에 더 이상 말할 필요가 없다.

아이를 살리는 말과 아이를 망치는 말

부모의 말 한마디가 아이를 살릴 수도 있고 망칠 수도 있다. 아이를 살리는 말은 긍정적으로 말하는 것이다. 그렇다면 아이를 망치는 말은 당연히 부정적인 말이다. 가령 아이가 말을 유창하게 잘하지 못할 때 '~하지 마', '~하면 안 된다' 등 부정적인 언어를 사용하였는데, 아이가 말을 잘할 만큼 자라서 동생과 놀다가 동생에게 '~하지 마', '~하면 혼난다'고 하여 '저런 말을 어디서 배워왔는지'라는 생각이 들 때가 있다. 부정적인 말을 듣고 쓰면 생각도 행동도 부정적으로 바뀐다. 특히 부모의 부정적인 말은 아이의 자율성, 의존성, 주도성 등에 부정적인 영향을 미친다.

만약 부모가 아이에게 "뭐 하고 있니? 빨리해!"라고 한다면 이는 아이의 자율성을 해치는 잔소리다. 2~3살에 "내가 할 거야" 하는 자율성이 길러지지 않으면 부모에 대한 의존성이 커진다. 자식은 액세서리가 아니기 때문에 언제까지 부모의 품 안에 넣고 다닐 수는 없다. 또한, 3~5세 때 주도성을 배우지 못하면 초등학교에 입학해서 스스로 판단하고 결정하고 행동하는 것을 어려워한다. "몇 번을 말해야 알아들을 거니?"라고 나무라면 아이는 자신에 대한 부정적인 감정을 키우게 된다. 그뿐만 아니라 "왜 아무 말도 하지 않니? 말을 해!"라고 다그치면 아이는 눈치 보는 아이로 클 수 있다.

결국, 아이를 살리는 말은 '왜'가 아닌 '무엇'이다. '왜'는 나무라는 말로 들릴 수 있지만 '무엇'은 자녀의 생각이나 느낌을 물어주는 것으로 충분히 존중받는다는 생각이 들도록 하기 때문이다.

부모의 말만 바뀌어도 아이는 달라진다

세상 모든 부모는 아이가 태어났을 때 팔다리만 멀쩡해도 기뻤고 튼튼하게만 자라주기를 바란다. 그러다가 학교에 입학하면 그날부터 건강하게만 자라기를 바라던 마음은 어디론가 사라지고 공부를 잘해야 한다고 아이에게 강요한다. 그러다가 아이가 아프기라도 하면 공부를 못해도 좋으니 제발 아프지만 말라고 하다가 다 나으면 다시 "공부해라!"고 다그친다.

부모가 시키는 대로 따르지 않으면 "누구 닮아서 저래"라며 아빠는 엄마를 닮았다고 하고 엄마는 아빠를 닮았다고 서로를 원망하면서 말투가 바뀌고 거칠어진다. 이쯤 되면 부모는 이성을 상실하고 측은지심이 없어질 뿐만 아니라 아이가 상대를 닮아서 미워지기까지 한다. 이렇게 아이가 미워지는 이유는 심리학적으로 자기 자신의 보고 싶지 않은 모습을 아이를 통해 보기 때문이다. 쏟고 깨고 덜렁대고 내가 싫어하는 행동을 아이가 똑같이 반복하는 것이다.

이는 아이에게 문제가 있는 것이 아니라 내 필름으로 아이를 그렇게 보고 그걸 아이가 똑같이 반복하기에 미워지는 것이다. 문제는 극장을 바꿔도 소용없고 감독을 바꿔도 소용없고 영사기를 바꿔도 소용없다는 것이다. 이는 부모의 머릿속에 박혀 있는 필름부터 바꿔야 한다.

옥박지르기를 1주일에 1번 이상 하면 하루에 아이큐가 7씩 떨어진다고 한다. 반면 생각해보니 너무했다 싶어 미안한 마음에 아이를 다독이면 아이큐는 더 이상 떨어지지 않는다. 부모가 아이를 인정해주는 말, 응원해주는 말만 해도 아이는 서로를 탓하지 않아도 될 만큼 달라진다.

아빠의 말만 바뀌어도 아이는 달라진다

부모의 말 중 아빠의 말만 바뀌어도 아이는 달라진다. 아빠는 육아나 자녀교육에서 1순위가 아니지만 매우 중요한 비중을 차지하기 때문이다. 엄마는 잔소리를 해도 매번 아이의 행동이나 말하는 것을 직접 보고 그때그때 한다. 그래서 엄마의 잔소리는 아이가 잘못을 인정하지만 아빠의 잔소리는 바로 말하지 않았기 때문에 아이는 아빠가 자신의 마음부터 헤아리지 않고 훈육이나 교육적으로 말한다고 여기기 쉽다.

엄마가 있어 좋다
나를 예뻐해주어서
냉장고가 있어 좋다
나에게 먹을 것을 주어서
강아지가 있어 좋다
나랑 놀아주어서
아빠는 왜 있는지 모르겠다

어느 초등학생이 쓴 시 한 편이다. 이 시는 한때 인터넷을 뜨겁게 달구면서 아빠들이 경제활동을 한다는 사실 때문에 무심했던 육아에 일침을 가했다. 아이들은 아빠가 우리 가족의 경제생활을 책임진다는 생각보다 존재 자체를 부정할 수 있다. 이 시를 보면 우리 아빠들의 현실이 보인다. 아빠는 자신이 아이에게 중요한 위치라는 것을 깨닫고 말을 지시나 명령이 아니라 뒤에서 아이를 언제나 응원하고 있다는 것을 보여야 할 것이다. 우스갯소리로 경상도 아빠들은 집에서 하루에 "아이들은?, 밥 묵자, 자자" 세 마디만 한다고 한다.

요즘은 "나는 돈 벌어주니까 아이 키우는 건 당신이 다 알아서 해"라고 해놓고 아이에게 문제라도 생기면 아빠가 엄마에게 "집에서 아이 키우면서 뭐 했어"라고 원망하는 아빠는 없을 것이다. 아이가 자신의 문제를 가지고 부모가 서로 질책하는 것을 보고 들었다면 아이는 죄책감에 사로잡히게 된다. 또한, 부모로부터 직접 비난을 받으면 아이는 뇌의 통각 중추에서 다리가 부러졌을 때와 비슷한 수준으로 통증을 느낀다고 한다.

임신 때 배 속의 열 달이 태어나서 10년보다 중요하고, 태어나서 10년이 평생 사는 것보다 중요하다. 5살 이전에는 엄마의 영향을 90%, 아빠 영향을 10% 받는다면, 5살부터 10살까지는 아빠의 영향 90%, 엄마 영향을 10% 받는다고 한다. 그리고 초등학교 저학년까지는 세상에서 우리 아빠가 가장 힘이 센 사람이라고 생각할 만큼 아이에게 아빠는 대단한 사람이다. 열 살까지 아빠로부터 받는 영향도 크지만, 아이가 존경하고 사랑하는 아빠가 아이를 응원하는 말을 해준다면 아이는 아마 땅에 발이 닿지 않는 기분일 것이다. 그렇게 대단한 것을 바라는 것도 아니고 아빠의 말 한마디 바꾸면 아이는 평생을 행복하게 살아갈 힘을 얻게 된다.

아이의 미래를 여는
부모로 수선하라

우리 부모들은 아이들에게 1등 하기를 강요하면서 "엄마, 아빠가 초등학교 때 공부를 잘해서 반에서 1등을 했다"라고 말한다. 아이가 매일 듣다가 어느 날, "엄마, 아빠 때는 누가 꼴등이야? 옆집 철이 엄마, 아빠도 1등 했다고 하고, 윗집 순이 엄마, 아빠도 1등 했다" 하고 "다른 친구 엄마, 아빠도 모두 1등 했다 하는데 공부를 못한 사람은 한 명도 없네"라고 하더라는 것이다. 이러한 거짓말은 경제적인 손실을 주지도 않고 법적으로 문제가 되지도 않는 것이라서 가볍게 생각할 수 있지만 사실 아이와 부모 사이에 커다란 장벽이 될 수도 있는 말이다. 부모가 1등을 했기 때문에 아이에게 1등을 바라는 것이 아니라 어떤 어려움 속에서 공부했고 그 과정에서 어떤 어려움이 있었다는 것을 알려주는 것이 훨씬 효율적으로 아이들을 공부하게 할 수 있다.

『빨간모자가 하고 싶은 말』*에서 마음은 온전하게 ‘ㅁ’이 되게끔 키워져야 한다. 그런데 부정적인 부모 밑에서 치우친 ‘ㄱ’ 자 사랑을 받고 자라면, 아이는 그것을 받아내느라 마음이 ‘ㄴ’ 자가 되어 버린다. 마음이 ‘ㄴ’ 자이기에 온전치 않아서 결핍도 훨씬 많이 느끼고 사랑받고자 하는 갈망도 더 크며 마음의 틀이 ‘ㄱ’ 자로 맞물리는 남자에게 끌린다. 이는 ‘ㄱ’과 나의 ‘ㄴ’이 딱 맞아 떨어지며 아귀가 맞기 때문이다.

‘ㄱ’ 자와 ‘ㄴ’ 자인 아빠 엄마가 만나서 결혼하고 ‘ㅁ’ 자 아이를 낳았다. ‘ㄱ’ 자와 ‘ㄴ’ 자가 ‘ㅁ’ 자가 되기 위한 수많은 과정들은 부모에게는 고통이었지만, 아이에게는 자신의 미래를 여는 재료가 될 수 있다. 아이는 부모가 보여주는 가치관, 이념, 욕구, 행동을 고스란히 각인하고 본능적으로 부모를 믿기 때문이다.

우리는 마트에 가서 돈만 내면 무엇이든 골라서 살 수 있다. 하지만 돈을 아무리 많이 지급해도 아이의 미래는 살 수 없다. 다만 부모가 일관성 있는 사랑과 정성으로 아이가 미래를 향해 나아가도록 지지하는 지혜를 가져야 한다. 아이가 부모보다 시야를 넓히는 것은 쉽지 않다. 그 이유는 부모가 자신이 알고 있는 것을 아이에게

---

* 조이스 박, 『빨간모자가 하고 싶은 말』, 스마트북스, 2018.

강조했기 때문이다. 그 외의 것에 아이는 관심이 떨어져 버린다.

　필자는 이 부분에서 아이가 부모의 안목과 견문의 범위를 뛰어넘을 수 있는 간단한 방법을 제시하고자 한다. 아이가 질문을 할 때 설령 부모가 알고 있더라도 "나도 잘 모르겠네, 네가 알아서 부모님께 좀 알려줄 수 있겠니?"라고 하는 것이다. 그러면 아이의 안목과 견문이 부모가 알려주는 것보다 열 배 이상 넓어지는 효과가 있다. 아이가 스스로 방법을 찾으면서 주변 정보도 알게 되고 부모님께 알려줄 수 있다는 자부심으로 자신감마저 충만해진다.

　부모가 걸어온 여정을 일일이 아이에게 전달해주면 하나도 기억하지 못하지만 아이가 스스로 무엇인가를 찾는다면 하나를 찾고도 여러 가지를 알게 될 뿐만 아니라 아이는 의미 있는 변화를 겪게 된다. 부모는 늘 성공적인 삶을 살았던 것이 아니라 고통을 이겨낸 후 지금의 행복이 있다는 것을 알려준다면 아이는 이 시대에서 자신만의 중요한 미래를 결정하게 될 것이다.

아이의 인생에 태클을 걸지 않는
부모로 수선하라

비바람이 몰아치는 날 우산이 한 개뿐일 때, 엄마와 자식이 함께 길을 가면 엄마는 당연히 반은 비를 맞고 자식의 몸은 온전히 우산 아래 있기 마련이다. 이게 부모의 마음이기 때문이다. 그러나 이런 마음은 모성애에 그쳐야 한다. '그때 그랬으니 그에 대한 보상으로 너는 나에게 무엇을 해라'는 식으로 자식에게 요구하게 되면 서로 가 서로에게 상처가 될 뿐이다. 예컨대 "비 오는 날, 나는 비를 맞아 도 너를 비 맞지 않게 하려고 했으니 너도 나를 위해 공부를 열심히 해라"는 말은 강요일 뿐이라는 것이다.

유치원에서 일곱 살 수연이에게 장래희망이 무엇이냐고 물었다. 수연이는 '나를 매일 안전하게 태워주는 유치원 버스 운전기사'가 되는 것이라고 하였다. 수연의 담임선생님은 어머니께 수연의 장래 희망을 이야기해주었더니 수연의 엄마는 그것이 마음에 들지 않아

펄쩍 뛰었다. 가만히 두어도 아이들의 장래희망은 자라면서 자신의 환경에 따라 변한다. 그러므로 지금 무엇이 되고 싶은 것이 있는 아이는 정신적으로 너무나 건강한 것이다. 부모가 마음에 들지 않는 것은 부모의 욕심일 뿐이다. 그 직업이 좋지 않다는 편견은 아이에게 오히려 해가 되어 다음부터는 아이가 자기 생각을 말하지 않게 될 뿐이다.

아이가 무엇을 잘했을 때도 마찬가지로 잘하게 된 원인을 능력에 둔다면 아이는 어차피 자신은 능력이 있기 때문에 더 이상 노력할 필요가 없다고 생각한다. 그래서 우리는 교육에서 칭찬보다는 격려하라고 말한다. 라디오 진공관이 트랜지스터로 바뀐 것은 기술혁신이지만 자동차 판매방식이 리스로 바뀐 것은 절차혁신이다. 이 말은 결국 지식을 그냥 머릿속에만 쌓아놓는 것이 아니라 삶의 무기가 되도록 만들어야 한다.

우리는 아이들이 자신만의 방법으로 축적한 지식을 자신의 무기로 만들 시간도 주지 않고 빨리 성적이라는 결과를 코앞에 가져오라고 다그치기만 한다. 아이가 뛰려고 하면 자꾸 태클을 걸어 넘어뜨린다. 문제는 부모가 이렇게 텍스트만 머릿속에 저장하라고 하는 것이다. 그게 아니라 부모는 아이들 머릿속의 지식과 경험이 조화를 이룰 수 있도록 해야 한다.

옛날에 어느 나라에 애꾸눈 임금님이 있었다. 애꾸눈 임금님은 죽기 전에 초상화를 남기고 싶었다. 그래서 전국에서 유명한 화가들을 불러 모았다. 정직한 화가는 애꾸눈 그대로 초상화를 그렸고,

아부하기를 좋아하는 화가는 애꾸눈을 성한 모습으로 그렸다. 애꾸눈 그대로를 그린 초상화는 사실이었지만 보기 싫었고 성한 모습의 초상화는 보기 좋았지만 가짜였다. 임금님은 화를 내며 초상화를 던져 버렸다. 그때 한 화가가 나서며 "제가 그려 보겠습니다"라고 말하였다. 임금님은 그 화가가 그린 초상화를 보고 아주 만족했다. 그 초상화는 성한 눈 쪽에서 그린 옆모습의 초상화였다.

우리 아이들도 그렇다. 긍정적으로 바라보면 무한한 장점을 지니고 있지만 부정적으로 바라보면 어느 하나도 제대로 하는 것이 없어 보인다. 그러나 아이의 결점을 보기보다 좋은 쪽만 본다면 적어도 아이 인생에 태클을 걸지는 않을 것이다.

일류 리더는 거울을 보고 이류 리더는 창문을 본다고 한다. 부모로서 자신을 먼저 돌아보는 일류 리더가 될 것인지 타인을 의식하고 자식을 사지로 몰고 갈 것인지는 각자의 선택이다.

내 아이만의 장점을 인정하는
부모로 수선하라

부모들은 내 아이만의 장점은 나를 닮아서 당연한 것으로 고정된 서랍에 잘 정리해 둔다. 그리고는 내 아이가 가지지 못한 옆집 아이의 장점을 자꾸 가지라고 말한다. 즉 내 아이가 잘하는 것은 자랑만 하고 더 나아가도록 해주지 않는 것이다.

이성복 시인은 『네 고통은 나뭇잎 하나 푸르게 하지 못한다』에서 '나무가 되기 위해 씨앗이 자라는 것은 아니다. 무엇이 된 것들은 또 다른 무엇이 되기 위해 영원히 무엇이 되지 않기 위해 끝내는 미쳐버리고 말 것이다. 그러므로 목적 때문에 생을 망쳐서는 안 된다*고 하였다. 요즘 말로 뼈 때리는 말이다.

모든 씨앗이 나무가 되지 않는 것처럼 우리 아이들도 모두 부모

*   이성복, 『네 고통은 나뭇잎 하나 푸르게 하지 못한다』, 문학동네, 2021.

가 원하는 것처럼 되지는 않는다. 어쩌면 아이에게 정해진 목적은 부모가 정해놓은 프레임일 뿐이다. 지문이나 DNA를 보면 세상에 똑같이 생긴 사람은 어디에도 없이 저마다의 독창성이 있다. 드가의 청동상, 스트라디바리우스의 바이올린, 렘브란트의 그림, 이것들이 값진 이유는 바로 그 작품이 주는 독창성과 희귀성에 있다. 마찬가지로 내 아이는 내 아이만이 가진 장점이 있다.

정말 내 아이를 누가 봐도 성공적인 삶을 살아갈 수 있도록 하려면 내 아이만이 가진 장점을 인정하는 것과 더불어 부모가 먼저 자신을 시대에 맞는 사고로 바꾸고 아이를 격려해야 한다.

데일 카네기는『데일 카네기 인간관계론』*에서 인간은 자신의 잘못을 비난받으면 절대 자신의 잘못을 뉘우치지 않는다고 말한다. 자신의 잘못에 대하여 비판이나 비난을 받으면 본인의 잘못을 인정하기보다는 왜 그럴 수밖에 없었는지를 말하며 스스로 정당화한다는 것이다. 이와 마찬가지로 아이들에게 단점만을 이야기하면 '나는 본래 그런 아이이기 때문에', 또는 '나는 본래 못하는 아이이기 때문에 더 이상 노력할 필요가 없다'라고 정당화하게 되지만 장점만을 말하면 '나는 잘하는 것'이 있다는 생각에 더 잘하려고 노력하게 된다.

---

*   데일 카네기,『데일 카네기 인간관계론』, 현대지성, 2019.

아이를 정해진 틀 속에 가두지 마라

다음의 이야기는 어른들이 정한 커리큘럼이 아이들에게 딱 맞아 떨어지지 않는 것을 보여준다.

옛날에 동물 왕국에서 어린 동물들이 새로운 세계로부터 닥치는 문제들에 대처하게 하려고 어른 동물들이 학교를 세우기로 했습니다. 학교에서 가르칠 과목은 달리기, 기어오르기, 수영하기, 날기로 정했습니다. 그리고 학과 관리를 좀 더 쉽게 하려고 모든 동물이 돌아가며 교육을 맡기로 했습니다.

오리는 수영 과목에선 선생님보다 더 잘했지만, 날기는 가까스로 낙제를 면했으며, 더욱이 달리기에서는 낙제를 했습니다. 토끼는 달리기에서는 단연 일등이었습니다. 하지만 수영은 계속 재시험을 보는 바람에 신경쇠약에 걸리고 말았습니다. 다람쥐는 기어오르는 데는 훌륭했지만, 날기 과목에서 선생님이 나무 꼭대기에서 뛰어내리는 게 아니라 땅에서 날아오르기를 가르치자 그만 포기하고 말았습니다.

독수리는 여간해서는 말을 잘 안 듣는 학생이었습니다. 그래서 남들보다 더 강하게 훈련을 받았습니다. 그 덕에 기어오르기에서 어느 학생보다도 뛰어나게 되었습니다. 하지만 여전히 자기 방법을 고집했습니다. 훈련이 끝나 결과를 보니, 수영을 기가 막히게 하고, 기어오르기와 달리기도 잘하며, 약간 날기까지 한 이상한 뱀장어가 수석 졸업생이 되었습니다. 관청에서는 교육세를 모든 동물에게 징수하기 시작했습니다. 하지만 초원의 개들은 정작 자신의 아이들이 배워야 할 땅굴 파기가 없었기 때문에 학교에 아이들을 보내지 않았고 납세도 거부하였습니다. 그리고 자기 아이들을 오소리에게 보내 교육받게 했으며, 나중에는 아예 두더지와 땅다람쥐를 선생으로 초빙해서 자기 아이들을 위한 훌륭한 사립학교를 건립했습니다.

아이를 틀에 박힌 흑백논리에 맞춘다면 이것은 아이의 발목을 잡는 것일 뿐이다. 아이가 성공적인 삶을 살아가도록 키우고 싶은 것은 세상 부모라면 누구나 가지고 있는 생각이다. 하지만 아이가 부모가 정해놓은 방향으로 가지 않으면 부모는 불안해한다. 아이들은 저마다 독특한 개성과 재능이 있으므로 고득점 기계로 획일화하거나 손길 닿는 대로 형성되는 인격체가 아니다. 그럼에도 불구하고, 우리 부모들은 옆집 누구와 비교하고, 텔레비전이나 매스미디어에 등장하는 사람과 견주어 아이를 획일화하여 내 아이만의 장점을 작게 만들고 있다.

내 아이의 장점을 크게는 못할지언정 작게 만들고 싶은 부모가 있을까? 아마 많은 부모가 넓은 관점과 시선으로 세상을 올바르게 바라보며 크길 바랄 것이다. 흑백논리, 다른 집 아이들과의 비교는 아이를 틀 속에 가두는 것이다. 내 아이가 세상에 당당히 나아가 한 인격체로서 살아가고 어려움을 헤쳐나갈 수 있도록 돕고 싶다면 아이를 틀 속에 가두기보다 장점을 인정하고 이를 적극적으로 키워주는 것이 진정한 부모의 역할이 아닐까 싶다.

옆집 아이 보듯이 내 아이를 보는
부모로 수선하라

부모의 마음속이나 머릿속에는 어린아이가 있다. 밖에 나오면 안 나오는데 집에 들어가서 내 아이만 보면 나온다. 내 아이가 영어 시험을 잘 못 봐서 성적이 낮으면 "놀 때 알아봤다", "도대체 커서 뭐가 될래?"라고 말하고 옆집 아이가 영어 시험을 잘 못 보면 "괜찮아 다음에 잘하면 되지"라고 말한다.

또 아이가 돌부리에 걸리거나 어디에 걸려서 넘어지면 우리 부모들의 반응은 어떠한가? 옆집 아이가 넘어지면 "괜찮아? 아프지 않니?", "금방 괜찮아질 거야!", "혼자 일어날 수 있겠니?"라고 말한다. 반면 내 아이가 넘어지면 토끼처럼 빠르게 달려가 아이를 일으켜 세워 옷에 묻은 먼지를 털면서 아이 몸 여기저기 살피면서 연신 "넌 왜 그렇게 중심을 못 잡아", "앞을 보고 걷지 왜 딴짓하며 길을 걷니?", "앞에 있는 돌멩이 안 보고 뭐 했니?"라며 아이의 부주의를 나무란다. 뿐만 아니라 가만히 있는 돌멩이를 보고 "네가 왜 그곳에 박혀 있어서 우리 아이 넘어지게 하니?"라든가 "엄마가 돌멩이 혼냈어"라며 돌멩이나 기물을 나무라는 부모도 있다. 물론 이러한 것은 아파서 우는 아이를 달래기 위해 순간적으로 아이의 아픈 감정을 소거해주려고 하는 것이다. 그러나 아이의 감정을 순간적으로 소거시키는 것보다 나중에 아이가 넘어진 이유를 알고 다음에는 넘어지지 않기 위해 길을 걸을 때 어떻게 걸어야 하는지 알려주는 것이 더 중요하다. 그리고 아이가 넘어졌을 때 옆집 아이가 넘어진 것처럼 봐준다면 아이는 분명 독립적으로 자랄 수 있다. 이런 것을 보면 아이가 9살이면, 부모는 10살이다. 10살꼴이 안 나려면 내 아이를 옆집 아이 보듯 하면 화가 안 난다.

"부모는 아이에게 처음부터 끝까지
다해주는 것이 아니라 말이나 행동으로 보여주어서
아이 스스로 깨닫고 자신의 문제로
받아들일 수 있도록 해주어야 한다."

『탈무드』에서 '학교에 가는 목적은 공부가 아니라 위대한 스승 앞에 앉아 그들의 살아 있는 본보기를 배운다는 뜻이다'라고 말한다. 즉 위대한 스승을 바라보는 것으로 깨달음을 얻는 것이다.

그래서 우리는 아이들에게 어른으로 취할 수 있는 행동을 보여주기만 하면 아이들은 이를 보고 깨닫고 자라면서 스스로 어떤 상황을 만나더라도 상황에 맞게 행동하고 난관에 부딪혔을 때 스스로 해결하는 능력이 길러질 것이다. 대부분 부모는 내 자식이 '나보다 나은 삶'을 살기를 바란다. 그렇다면 내가 배웠던 것과 같이, 내 부모님이 내게 했던 대로, 옆집 아이가 하는 것처럼 아이에게 요구해서는 안 된다. 중요한 것은 아이에게 '내일을 위해 준비하라'고 알려주는 것이다. 오늘을 준비한 아이는 내일을 준비한 아이들과의 경쟁에서 이길 수 없어서 한발 늦게 된다. 지금 당장 눈앞에 다가온 오늘보다 '내일'을 준비해야 당당한 경쟁을 할 수 있다.

미래의 경쟁력을 위해서는 옆집 아이가 하는 것을 따라 하는 것은 멈추고 내 아이만의 장점을 살릴 수 있도록 동기부여를 해줘야 한다.

다름을 인정하라

내 아이와 옆집 아이는 얼굴 모습도 다르고 성격도 다르며 우리 아이만의 장점이 있다. 하물며 같은 내 자식이어도 첫째 아이 다르고 둘째 아이 다른데 옆집 아이와 다른 것은 당연한 것이다. 부모가 되면 자기 아이와 비슷한 또래 아이에게 눈길이 가기 마련이고 무심코 자신의 아이와 비교하면서 스트레스를 자초하기도 한다. 또한, 부부간에도 아이들이 잘하는 것은 서로 자신의 유전자를 닮아서라고 하고 못하는 것은 상대의 유전자를 닮았다고 농담 반 진심 반으로 말하고 있다. 우리는 쉽게 옆집과 비교하지만 잘 생각해보면 옆집과 우리 집은 살아가는 목표도 다르고 사는 환경도 다르다. 이렇게 서로 처한 상황과 여건이 다름에도 불구하고 아이에게 무작정 옆집 아이와 같아야 한다고 강조하는 것은 이율배반일 뿐이다. 비교는 적당히 하고 '우리 아이는 우리 아이'라고 선을 긋는 것이 필요하다. 부모는 자식에게 필요 이상의 기대를 걸기 쉽지만 내 아이에게는 나름의 장점이 있음을 인정하는 것이 무엇보다 중요하다.

　인간은 아름답고 좋은 것을 많이 가지고 있다고 할지라도 더 많이, 더 높은 곳을 바라보고 끊임없이 비교하는데 이는 마치 버튼이라도 누른 것처럼 불행에 빠지는 '사회비교이론' 현상을 초래한다.

　레온 페스팅거(Leon Festinger)*는 사람이 자신의 의견과 능력을 정확하게 평가할 수 있는 선천적인 능력이 있다는 것을 전제로, 사람들은 다른 사람들의 의견과 능력을 비교함으로써 자신의 의견과 능력을 평가하려 노력한다고 했다. 그뿐만 아니라 사람이 다른 사람과 비교하는 이유를 자신을 평가하려는 데 있다고 보았다. 이는 부모가 내 아이를 옆집 아이와 비교하는 것이 사실 내 아이를 평가한다는 것이다. 지금부터 다른 아이와 비교해서 내 아이를 평가하는 방법 세 가지를 제시하고자 한다. 내 상황과 맞거나 내가 위로받을 만한 방법을 선택해보면 마음의 위안도 되고 아이를 더 이상 다그치지 않게 되는 좋은 방법이 될 것이다.

---

* 　레온 페스팅거(Leon Festinger, 1919~1989): 미국 사회심리학자, 인지부조화 (cognitive dissonance)와 사회비교이론(social comparison theory)으로 잘 알려져 있다.

첫째, 내 아이를 서로 아주 비슷한 처지에 있는 아이와 비교하는 것으로 내 아이의 현실적인 모습을 파악할 수 있다.

둘째, 내 아이보다 못한 아이와 비교하는 것이다. 내 아이보다 건강이 안 좋다거나, 신체 조건을 비교하므로 내 아이가 멋지다는 것을 확인하고 자존감이 높아질 수 있다.

셋째, 내 아이보다 나은 아이와 비교하는 것이다. 이런 비교는 아이가 그 아이와 닮도록 노력하여 자신의 한계를 뛰어넘을 수 있도록 할 수 있다.

우리 아이와 옆집 아이가 같은 생각을 하고 같은 행동을 하는 것은 동화 속에서나 가능한 것이다. 아이는 동화 속 주인공처럼 살 수 없다. 현실에서 동화 이야기 같은 일은 없다는 것을 명심해야 한다.

아이는 각자 타고난 기질에 따라 다르다

아이들이 모두 다 똑같지는 않다. 이는 타고난 기질이 다르기 때문이다. 기질(Temperament)은 심리학에서 성격의 한 측면으로 감정적인 성향이나 반응 및 속도나 강도와 관련이 있는 것으로 자신과 다른 사람들을 이해하는 준거가 된다. 기질에 대한 개념은 2세기에 그리스 의사인 갈레노스가 처음으로 만들었고, 피·점액·황담즙·흑담즙 등의 4가지 체액이 몸을 이루는 기본이라는 초기의 생리학 이론에서 이 개념을 발전시켰다. 한 개인에게 이 4가지 체액 중 상대적으로 어떤 것이 더 우세하냐에 따라 각각 다혈질(온화하고 쾌활함),

점액질(움직임이 느리고 냉담함), 우울질(우울하고 상심에 잠겨있음), 담즙질(반응이 빠르고 성미가 급함) 등의 기질을 나타낸다고 보았다.

최근의 이론에서는 감정반응에 내분비샘이 영향을 받는다고 강조하고 있다. 이러한 기질에 따라 같은 사건이나 상황에서도 반응이 다르게 나타나는 것이다. 또한, 고대 그리스의 '의학의 아버지'라고 불리는 히포크라테스는 사람의 성향을 '다혈, 담즙, 우울, 점액' 등 4가지 기질로 분류하여 사람의 타고난 특성을 설명하였다. 이러한 기질 테스트는 TV 예능 프로그램 동 시간대에서 시청률 1위에 오를 만큼 시청자들의 관심을 끌었고, 화제의 검색어가 되기도 했다.

다혈질의 장점은 낙관적이고 사교적이며 친절하고 자비로우며, 단점은 무질서하고 꾸준하지 못하고 감정적이며 미숙하다. 담즙질의 장점은 강한 승부욕을 지녔으며 독단적이고 실용적이며 단호한 반면 단점은 오만하고 냉정하며 화를 잘 내고 포용력이 떨어진다. 우울질의 장점은 분석적이며 완벽주의자적이고 근면하고 감수성이 뛰어나지만, 단점은 가학적이고 부정적이며 자기중심적이고 과민하다. 점액질의 장점은 유연하고 침착하며 객관적이고 실용적인 반면 우유부단하고 게으르고 이기적이며 소심한 것이 단점이다. 그러나 이중 어느 것이 좋다고 단정 지을 수는 없다. 다만 내 아이의 기질을 알면 '저 아이가 저렇게 행동하는 것은 기질이 그래서 그렇다'고 이해를 할 수 있고 꾸짖거나 나무라지 않을 수 있다. 즉, 이해를 할 수 있다는 것이다.

여러분도 내 아이가 어떤 기질인지 알면 아이를 이해하는 데 도움이 될 것이라는 생각에 간단한 기질 테스트를 제시한다. 방법을 먼저 설명하면 아이가 스스로 문항별로 주어진 4개의 단어 중 가장 자신과 가깝다고 여기는 단어에 체크한다(만약 꼭 맞는 단어가 없으면 가장 가깝다고 생각되는 단어에 체크). 만약 글을 읽지 못하는 아이라면 부모나 가까운 어른이 대신 체크할 수 있다. 40개의 문항(강점 20문항, 약점 20문항)에 체크한 다음 강점 20개 문항과 약점 20개 문항의 합계를 따로따로 적는다(강점 20문항에서 소계 4개, 약점 20개 문항에서 소계 4개).

내 아이의 기질이 무엇인지를 아는 것은 테스트가 끝나고 확인할 수 있도록 체크리스트 뒤에 제시했다.

강점				
1	활발함	모험적	분석적	융통성 있음
2	쾌활함	설득력	의지 강함	조용함
3	사교적	자기의지적	자기희생적	복종적
4	설득력 있음	경쟁적	사려 깊음	자기통제적
5	새로운 생각	꾀 많음	공손함	수줍어함
6	활발함	자기신뢰	감수성 예민	만족함
7	주동적임	적극적임	계획가	인내심 많음
8	충동적	자신에 참	계획 따르는 편	부끄러워함
9	낙천적	솔직함	질서정연	자상함
10	익살스러움	주관이 뚜렷	신실함	친절함
11	유쾌함	과감함	세심함	싹싹함
12	쾌활함	확신에 참	점잖음	일관적
13	고무적	독립적	이상적	유순함
14	과시적	결단력	몰두하는 편	천연덕스러움
15	쉽게 어울림	제안 잘함	음악 좋아함	중재자
16	말 많이 함	끈질김	사려 깊은 편	관용적
17	생동적	지도력 있음	충직함	듣기 잘함
18	귀여움	생산적	조직적	만족 잘함
19	인기 좋음	과감함	완벽 추구	허용적
20	활기참	대담함	예의 바름	중도적
소계				

	약점				
1	허세를 부림	권세를 부림	숫기가 없음	무표정함	
2	규율이 없음	동정심 없음	용서하지 않음	열정 없음	
3	중언부언함	거스름	분을 품음	상관없음	
4	건망증 있음	노골적임	까다로움	두려워함	
5	중간에 끼어듦	성급함	자신감이 없음	결단력 없음	
6	예측 불가능	애정표현 없음	인기 없음	관계 안 함	
7	되는대로 함	완고함	불만 많은 편	망설이는 편	
8	방임형	교만함	염세적	단조로움	
9	쉽게 분노	논쟁 좋아함	자신을 격리함	목표 없음	
10	피상적	자만함	부정적	안일함	
11	칭찬을 바람	일벌레형	뒤로 물러섬	염려함	
12	말이 많음	무례함	과민함	소심함	
13	무질서함	지배함	낙담함	확신 없음	
14	일관성 없음	관대하지 못함	내성적	무관심함	
15	어지르는 편	조종함	우울한 편	중얼거림	
16	과시형	고집이 셈	회의적	느림	
17	시끄러운 편	주장함	외로운 편	게으른 편	
18	산만한 편	성미가 급함	의심 많은 편	나태함	
19	침착하지 못함	경솔함	양심적임	마지못해 함	
20	변덕스러움	약삭빠름	비판적임	타협하는 편	
소계					
합계					

체크리스트를 기준으로 왼쪽부터 다혈질, 담즙질, 우울질, 점액질이며, 비율이 가장 높은 것이 '주기질'이고 다음으로 높은 수가 '부기질'이다. 아이마다 꼭 맞는 경우도 있지만 대부분 두 가지 기질이 혼합되어 있다. 예를 들어 점액질이 가장 높게 나타나고 다혈질이 다음으로 높게 나타났다면 '점액·다혈질'이고 반대로 다혈질이 가장 높게 나타나고 점액질이 다음으로 높게 나타났다면 '다혈·점액질'이다.

기질 행동은 사회성 영역, 일 영역, 애정 영역으로 나타난다. 기질 행동의 사회성 영역(Inclusion)은 '포함성'으로 표면적 사회관계의 사교 영역이다. 자신의 삶 주변의 것들을 '어떻게 포함하는가'의 영역으로 사교능력 지식이나 주제와의 연관 능력 등이 나타난다.

기질 행동의 일 영역(Control)은 '통제성'이라고도 하는데, 다른 사람을 어떻게 주도하고 지배·통제하려 하는가에 대한 것으로 일·과업에 대한 책임감, 의지력, 독립성, 결단력 등이 나타난다.

기질 행동의 애정 영역(Affection)은 '성정성'으로 사적인 관계에서 사랑과 정을 나누는 깊은 인간관계 영역을 말하며, 애정교류능력, 감정표현능력, 깊은 관계형성능력 등이 나타난다.

큰 것을 볼 줄 아는 눈을 가진
부모로 수선하라

내 아이는 어떻게 보이는가?

옆의 그림을 보면 여러분은 무엇이 보이는가? 가운뎃점 하나가 보이는가? 이 점이 우리 아이들이라고 생각해보자. 이 희고 깨끗한 넓은 종이는 안 보이고 작은 점 하나만 보이는 이유가 무엇일까? 바로 욕심이다. 부모가 자식에게 무한한 사랑을 주는 것은 좋지만 자식을 무한히 작게 보는 것은 좋지 않다.

내 아이가 어떤 그릇을 가졌는지는 부모인 내가 너무나 잘 알고 있다. 그런데도 부모들은 내 아이의 작은 결함만 보이고 잘하는 것을 찾는 것이 어렵다. 실제로 부모가 아이를 바라보는 시선만 바꿔도 아이에게 긍정적인 변화가 일어날 것이다. 눈 씻고 찾아봐도 이 작은 점만 한 장점도 없는 아이일지라도 애써 조그마한 장점이라도 발견하여 그 부분을 크게 칭찬해주면 아이는 당장 바뀌게 될 것이다. 아이는 칭찬을 받았기 때문에 신이 나고 좋아서 또 칭찬받기 위해 노력을 하게 된다.

　지금은 의식이 많이 변화하긴 했지만 여전히 성적이 우선시되는 것이 현실이다. 컴퓨터 게임만 하는 아이가 성적까지 잘 받아 오면 좋지만 성적이 위기 상황이라면 이야기는 달라진다. 그러다가 아이가 프로게이머가 되어 명성을 떨치고 돈도 잘 번다면 그때는 또 달라진다. 학교 다닐 때 나무랐던 것도 미안해진다. 그러나 어릴 때 컴퓨터 게임을 열심히 한다고 해서 모두가 프로게이머가 되는 것은 아니다. 아이가 성공적인 삶을 살려면 아이 스스로 선택과 집중을 통한 노력이 필요한 것이다. 부모가 아이의 선택과 노력을 대신해 줄 수는 없고 단지 아이의 장점을 볼 수 있는 눈을 가져야 한다.

뱁새가 황새를 따라가면 가랑이가 찢어진다

내가 어릴 때 "옆집 성은이는 '마이마이'*를 샀는데 나도 사주면 안 돼?"라고 하면 엄마는 "뱁새가 황새 따라가면 가랑이 찢어진다"

＊　　마이마이: 포터블 미디어 플레이어.

고 했다. 이 말은 분수에 맞지 않는 것을 무리해서 하면 결국 좋지 않은 결과를 가져온다는 뜻이었는데, 그때 나는 어머니가 야속할 뿐 의미하는 바는 내게 중요하지 않았다.

내가 성은이보다 공부도 잘하는데 그걸 사 주지 않는다는 원망이 컸다. 그런데 내가 아이를 키우면서 겪은 시행착오에 의하면 이건 그냥 내 아이의 그릇에 세상을 담으려고 하지 않고 그릇가게에서 가장 큰 그릇을 내 아이의 그릇이라고 생각한 것이다.

그래서 감히 이 세상 부모들께 제안한다면, 내 아이가 뱁새면 그냥 뱁새로 살게 하고 황새면 그냥 황새로 살게 하면 된다. 가랑이 찢어져 가며 따라가면 근처까지는 가겠지만 황새가 될 수는 없을뿐더러 황새가 1등이고 뱁새라서 2등이 될 수밖에 없다면 가랑이까지 찢어질 필요는 없을 것이다.

실습

편식이 아주 심해서 채소를 안 먹는 아이가 있었다. 실수인지 아닌지 모르겠지만, 친구 집에서 밥과 고기를 먹다가 친구가 고기를 상추에 싸서 먹는 것을 보고 지지 않겠다는 마음으로 상추에 고기를 싸서 먹었다. 그때 "○○이가 상추 잘 먹네"가 아니라 "○○이가 상추에 쌈을 싸서 먹는 모습이 마치 (아이가 좋아하는 사람이나 사물에 빗댐) 같아 보여 멋지다"라고 해준다. 이러면 같은 칭찬이지만 아이에게 진한 여운이 남아 다음부터도 고기를 먹을 때 상추에 쌈을 싸서 먹게 된다.

아이의 있는 그대로를 인정하는
부모로 수선하라

흔히 우리는 '사촌이 논을 사면 배가 아프다'고 한다. 이는 내가 논을 사면 땀 흘려 열심히 일해서 돈을 모아 산 것이고 남이 사면 열심히 살아온 그들의 삶은 어디론가 여행 가고 그저 운이 좋아서 샀다고 생각하는 것이다. 자녀도 마찬가지다. 내 아이가 전교 1등을 하면 열심히 공부한 결과라고 생각하고 다른 아이가 전교 1등을 하면 어쩌다가 운이 좋아서 1등 한 것으로 생각한다. 아이에게도 "그 아이는 공부도 못하는데 1등 했네"라고 말한다. 이는 어쩌면 부모가 아이를 위로하기 위해서 한 말일 수 있다. 그러나 이러한 결과로 아이는 다른 사람을 인정하지 못하고 칭찬하지 않게 자랄 수 있다. 이는 동서양의 문화 차이에서도 나타나는 것을 볼 수 있다.

서양 문화에서는 개인주의가 강해서 인간은 각각 독립적이며 자율성을 지녔다고 생각한다. 그러므로 다른 사람이 전교 1등을 하든지 말든지 관심이 없고 누군가 실수를 해서 돈을 잃어도 나와는 별개의 사건이기 때문에 상관하지 않는다. 반면 동양 문화에서는 자기 자신을 다른 사람들과 하나의 공동체를 이루는 일부분이라 생각하고 공동체 안에서는 모두 서로 의존한다고 본다. 서양 문화에서는 사건이 일어나면 그 원인을 자신의 문제라고 보지만 동양 문화에서는 문제를 자신에게서 찾으려 하지 않고 상대로 인해 상황이 빚어졌다고 보는 것이다. 서양 문화처럼 개인에게 문제가 있으면 2차적인 문제가 발생하지 않지만 동양 문화처럼 상대에게 문제가 있다고 보는 관점에서는 오해와 시비, 분노와 다툼이 일어나는 것은 불을 보듯 뻔하다.『이솝우화』*에 자신을 인정하는 이야기가 있다.

어느 집 선반에 백자 항아리와 구리 항아리가 나란히 놓여 있었습니다. 두 항아리는 오랫동안 같이 있었으므로 매우 친했습니다. 그런데 어느 날, 뜻밖에도 홍수가 났습니다. 집은 물속에 잠기고 선반에 놓여 있던 백자 항아리와 구리 항아리는 물결을 따라 정처 없이 떠내려갔습니다. 출렁거리며 사납게 흐르는 물결에 항아리들은 뒤뚱뒤뚱 흔들리며 아래로 아래로 흘러갔습니다.
"이봐, 백자야. 너 혼자 먼저 가지 말고 나랑 같이 가자."
구리 항아리가 앞서가는 백자 항아리에게 말했습니다.
"어머! 가까이 오지 마세요. 위험해요."
구리 항아리가 다가오자 백자 항아리는 깜짝 놀라며 소리쳤습니다.
"위험하긴 뭐가 위험하단 말이야."
구리 항아리는 더욱 빨리 다가왔습니다.

*   이솝,『이솝우화』, 예림당, 1999.

"제발 좀 떨어져 주세요. 내가 아무리 주의해도 당신이 가까이 와서 나와 부딪히면 나는 깨지고 만답니다."

백자 항아리는 기를 쓰고 구리 항아리와 떨어지려고 했습니다. 그렇지만 마음대로 헤엄칠 수가 없었습니다. 물결이 더욱 세지고, 백자 항아리와 구리 항아리는 가까워졌다, 멀어졌다 하면서 계속 흘러갔습니다. 얼마쯤 가다 보니 홍수에 쓰러진 나무가 물줄기를 가로막고 있었습니다. 앞서가던 백자 항아리가 나무에 가로막혀 멈칫하는 사이 구리 항아리가 빠르게 다가오더니 백자 항아리와 부딪쳤습니다.

"앗!"

두 항아리가 부딪치자 백자 항아리는 깨져서 물속에 가라앉고 말았습니다.

백자 항아리를 서양 문화로 보고 구리 항아리를 동양 문화라고 본다면 구리 항아리가 결국은 백자 항아리가 깨지는 결말을 가져온 것이 된다. 구리 항아리가 아니라도 백자 항아리가 부서질 수도 있었겠지만 이 이야기에서 보면 구리 항아리 때문에 백자 항아리가 깨진 것이므로 구리 항아리처럼 함께 또는 같이하려는 마음이 인간미는 있을지 몰라도 21세기 사회에서 통용된다고 말하기는 어렵다.

서양 문화든 동양 문화든 어떤 문화가 정답일 수는 없지만 21세기를 살아갈 우리 아이들은 긍정적인 사실이든 부정적인 사실이든 자신의 사실로 받아들여 자신이 책임질 수 있어야 한다.

우리 집은 몹시 가난하여 유일한 재산으로 암소가 한 마리가 있었다. 그런데 어느 날 수도승 일행이 하룻밤 묵고 가기를 청했고 잠자리와 식사 대접을 했다. 다음 날 아침 수도승 일행은 유일한 재산인 암소를 절벽으로 밀어서 떨어뜨리고 떠났다.

류시화의 『좋은지 나쁜지 누가 아는가』*에서는 유일한 생계수단인 암소가 사라지자 가족은 살아남기 위해 기술을 배우고 약초를 키우는 등 다른 길을 찾아 더 잘살게 되었다고 한다. 일반적으로는 그 수도승을 경찰서에 신고하거나 직접 찾으려고 하지 않았을까? 있는 그대로를 인정하고 방향을 전환한다면 오히려 더 긍정적인 결과를 가져올 수도 있다.

* 류시화, 『좋은지 나쁜지 누가 아는가』, 더숲, 2019.

결과보다 과정을 인정해주는
부모로 수선하라

눈에 보이는 결과를 남기려고 하면 어떤 일이든 억지가 있을 수도 있고 가식적이거나 거짓될 수도 있다. 교육학에서는 아이에게 돌날을 기준으로 그전에는 설령 잘못된 것이라도 무조건 허용해주고 이후에는 옳고 그름을 구분해서 '된다, 안 된다'를 알려줘야 한다고 말한다. 옳고 그름을 알려주는 방법 중에 어떤 일을 해나가는 과정에서 발견되는 상황에 대해 알려주는 방법이 있다. 그러나 대부분의 우리 부모는 결과만 원하는 대로 이루어지면 과정에 다소 잘못된 방법이 있더라도 아무 상관이 없다. 어떤 부모는 과정을 지켜보는 사람도 있다. 그러나 아이의 과정을 지켜볼 때 '잘할 수 있다'고 응원만 해주면 되는데 보통의 부모들은 아이가 고생하지 않고 빨리 결과를 바라는 욕심 때문에 초조해 한다. 그래서 부모 자신이 알고 있는 지식을 아이에게 주입하기도 한다. 지나치게 감싸는 것은 부모의 두려움으로부터 나온다. '혹시 다치면 어쩌나, 그러다가 혹 무슨 일이라도 생기면 어쩌나' 하는 생각에 부모들은 애들이 다칠만한 것들을 아이 눈앞에서 다 없애버리거나 심지어는 대신해준다. 결국 아이들은 무엇을 해볼 기회마저 잃어버린다.

아이의 미래를 위해 적금을 들지 말고 현재를 즐기도록 하라

아이가 실패하는 것을 지켜보기가 어렵고 불안해서 부모들은 미래를 위해 지도를 만든다. 지름길에 포장을 하고, 물이 있으면 다리를 건설하고, 산이 있으면 터널을 뚫어 단숨에 가도록 한다.「개미와 베짱이」를 보고 우리는 베짱이를 게으르다고 나무라고 개미를 부지런의 아이콘으로 비유하면서 아이들에게 개미를 닮아야 한다고 강조한다. 그뿐만 아니라 개미는 추운 겨울을 대비하여 먹을 것을 미리 준비하는데 베짱이는 여름 내내 놀다가 추운 겨울이 되자 개미에게 먹을 것을 얻으러 간다고 나무란다. 그러나 이「개미와 베짱이」를 현대사회에 맞게 재해석하기도 한다. 물론 전부는 아니지만 우리는 눈여겨보고 현대사회의 분위기에 맞게 바라볼 필요가 있다. 내용은 이렇다. 개미는 융통성 없이 일만 하다가 골병이 들어 허리가 휘었지만, 베짱이는 여름 내내 자신이 좋아하는 노래를 부르고 겨울에 음반을 내서 평생 먹고 산다는 것이다.

「개미와 베짱이」를 통해서도 알 수 있듯이 우리 아이들이 살아갈 미래는 예측할 수 없기 때문에 미리 적금을 들듯이 지도를 만들어 그 길로만 가게 할 것이 아니라 현재 아이가 하고 싶은 것을 실컷 하게 하고, 즐길 수 있는 것을 마음껏 즐기도록 해야 할 것이다.

과정을 즐기는 아이 비교하지 말라

아이가 성공적인 삶을 살아갈 수 있는 과정은 어렵고 험난하다. 당연히 아이 자신이 그러한 고통을 이겨내고 결과를 만들어가야 하지만 부모는 또래가 아니어도 저 멀리 있는 매스미디어 속의 인물들과 아이를 비교한다. 그래서 아이를 잘난 사람들과 비교하고 내 아이의 장점이나 특성을 무시하고 그들과 같은 길을 가라고 다그치기까지 한다. 이런 과정은 당연히 욕심일 뿐이다. 욕심을 내려놓지 않으면 아이는 과정을 즐길 수 없다.

인도에는 사람들의 음식을 훔쳐가는 원숭이들을 잡는 기발한 방법이 있다. 용기 입구에 원숭이 손이 겨우 들어갈 정도만 뚫어서 안에 음식물을 넣어두면 원숭이가 손을 넣어 음식물을 꺼내려다 손이 빠지지 않아서 음식물을 움켜쥔 채로 꼼짝없이 붙잡힌다.

이 이야기는 욕심이 많은 원숭이의 습성이 화를 부른다는 깨우침을 준다. 원숭이는 손에 잡은 음식만 놓았어도 잡히지 않고 정글에 있는 싱싱한 과일을 먹을 수 있었을 것이다. 우리 부모들도 원숭이처럼 욕심을 부리지 않는 것이 중요하다. 그저 아이들을 격려만 해도 아이들은 예전보다 행복할 것이다.

결과를 원하는 부모가 아니라 과정을 응원하는 성인이 되라

독일의 철학자 '칼 야스퍼스(Karl Jaspers)'는 석가모니(B.C. 563~B.C. 480, 네팔 룸비니), 공자(B.C. 551~B.C. 479, 중국 노나라), 소크라테스(B.C. 470~B.C 399, 그리스 아테네), 예수(B.C. 4~A.D. 30, 이스라엘 예루살렘)를 세계 4대 성인이라고 하였다. 4대 성인에 관한 내용은 모두 자신이 직접 글을 써서 기록을 남긴 것이 아니라 그 제자들이 구전된 스승의 말씀을 기록한 것이다. 제자들은 성인들이 어떤 일을 이루어가는 과정에서 어려움과 실수나 실패를 겪은 과정을 객관적으로 기록해서 후대에 알리고 있다.

우리 부모들이 적어도 내 아이에게만큼은 성인이 되어 아이가 자신의 아이까지 대대손손 '내 부모님은 결과보다 과정을 응원해주었다'고 전할 수 있게 되기를 바란다.

아이의 속도에 발맞추는
부모로 수선하라

'못생긴 나무가 산을 지킨다'고 했는데 우리 부모는 어떤 부모도 내 아이가 산을 지키는 나무가 되기를 바라지 않는다. 내 아이가 산을 지키는 나무가 되지 말라는 것은 세상에 우뚝 서는 사람이 되지 말고 나 자신만 지키는 사람이 되라는 것과 다를 바가 없다.

아이를 존중하는 것으로부터 출발하라

어떤 부모는 아이를 내가 낳았으니 그저 내 부속물일 뿐이라고 생각하고 마음대로 조종하며 지시한다. 실상은 아이도 어른과 대등한 존재로 존중받을 권리가 있다. 아이가 자라는 과정에서 가장 중요하고 소중한 가치는 아이에 대한 '존중'이다. 존중받으며 자란 아이는 스스로를 선택할 수 있는 의지를 갖출 뿐만 아니라 자신을 소중한 인격체로 인식하게 된다.

야누슈 코르착*의 교육철학은 1989년 유엔총회에서 '유엔 아동 권리에 관한 협약'이 만장일치로 통과되는 데 중요한 영향을 끼쳤다. 그는 "미래 때문에 아이가 즐거워하고, 그를 슬프게 하고, 놀라움에 사로잡히게 하고, 화를 내고, 흥미를 보이는 오늘을 하찮게 여긴다. 아이가 이해할 수도 없고, 이해할 필요도 없는 이 내일이라는 것 때문에, 사람들은 아이들을 수년 동안이나 속이고 있는 것이다"라고 말한다. 교육이 어린이를 지나치게 감싼 나머지 아이 스스로는 아무런 경험도 할 수 없도록 강요하는 극단적인 상황에 대한 반어법이다. 이는 아이의 권리를 빼앗는 것이다. 아이를 무조건 감싸지 말고 어떤 것도 스스로 경험하게 하고 믿는 것이 중요하다. 그래야 우리 아이들의 자발성과 책임감이 길러질 것이다.

원래 자기의 속도대로 가게 하라

흔히 인생은 마라톤이라고 말한다. 마라톤 경기에서 대부분 선두 그룹의 가장 먼저 뛰던 선수가 우승하는 경우는 드물다. 이는 자기 속도에 충실하지 못하고 다른 선수의 속도에 자기 속도를 편승하기 때문이다. 자기 속도를 유지한 채 과욕을 부리지 않고 성실하게 꾸준히 달리는 사람이 결국 승리한다.

---

* 　야누슈 코르착(Janusz Korczak, 1878~1942): 소아과 의사이자 교육문필가로서 고아원 책임자다.

우리 부모들은 대부분 아이에게 내 아이의 속도는 무시하고 '다른 아이보다 빨리 걸어라, 다른 아이가 뛰니 너도 뛰어라'라고 한다. 그러나 아이마다 다른 성장 속도를 가지고 있기 때문에 아이에게 아무리 옆집 아이처럼 뛰라고 해도 뛰지 않는다.

수연이네 엄마는 교사였다. 수연이가 일곱 살 때 또래들은 모두 한글을 읽는데 수연이는 아직 한글을 읽지 못했다. 수연이네 엄마는 애가 타서 유치원 선생님께 한글을 집중적으로 가르쳐 달라고 부탁했다. 그러나 유치원 선생님은 "수연이도 곧 한글을 읽을 수 있을 거예요, 조금만 기다리세요, 어머니"라고 말했다. 수연이네 엄마는 "엄마가 교사인데 아이가 한글을 다른 아이들보다 늦게 읽는다는 것이 부끄럽다"고 말했다. 어느 날 수연이가 하원길 유치원 버스에서 큰 소리로 창밖에 보이는 간판을 보면서 "선생님, 저기 코리아 있어요"라고 해서 바라보았더니 '나이트 클럽 코리아'가 있었다. 수연이를 내려주면서 마중 나온 수연이 엄마에게 "어머니, 오늘 수연이가 '코리아'를 읽었어요"라고 말했더니 수연이 어머니는 "정말요, 어디서요?"라고 물어서 "저기 사거리 지나 나이트클럽 있잖아요, 그 간판을 읽었어요"라고 말했다. 수연이네 엄마는 적잖이 실망하면서 "하필 처음 읽은 한글이 나이트클럽 이름은 좀…"이라고 말을 흐렸다.

아이는 느린 아이도 있고 빠른 아이도 있고 모두 자기의 속도대로 가기 마련이다. 부모는 그저 기다려주면 된다. 『이솝우화』의 「토끼와 거북이」에서 토끼는 당연히 자신이 거북이를 이길 것이라 생각한다. 토끼는 결국 방심하고 잠깐 잠이 든 사이에 자신의 속도대로 열심히 노력한 거북이에게 승리를 빼앗긴다. 이 이야기를 통해 우리 부모들은 아이가 빨리, 또는 느리게 가는 것이 중요하지 않고 내 아이가 자신의 속도에 맞게 갈 수 있도록 해야 한다는 것을 깨달아야 한다.

아이들은 각자 자신의 속도를 조절한다

달리기에 뛰어난 능력을 가진 토끼가 자만하고 안주하는 동안 거북이는 자신의 느림을 겸허하게 받아들이고 인정하면서 자신이 할 수 있는 최선을 다했다. 아무리 재주가 좋고 뛰어나더라도 스스로 자신의 능력을 자만하고 최선을 다하지 않으면 실패할 수도 있다. 사실 따지고 보면 처음부터 토끼는 거북이와 겨루면 자신이 당연히 이길 것이라는 사실을 알고 있었다. 이 때문에 거북이가 자신을 절대로 쫓아오지 못할 것이라 확신하고 도중에 낮잠을 잔 것도 토끼 나름의 속도를 조절한 것이다. 거북이가 자신이 육지에서 불리함에도 포기하지 않고 좋은 결과를 얻은 것도 거북이 나름의 속도를 조절한 것이다. 만약 물에서 경주한다면 상황은 반대가 된다. 하지만 육지에서 경기를 했기에 거북이는 자신의 속도에 맞게 노력한 것이다. 여기서 중요한 것은 자신을 제대로 알고, 자신의 속도대로 살아가야 한다는 것이다. 우리 아이들은 모두 스스로 자신의 속도를 조절하는 능력을 가지고 있다. 그러니 아이를 좀 더 믿어보자.

'컨닝페이퍼' 없이 아이를 성장시키는
부모로 수선하라

아이를 낳아서 키운다는 것은 휴식 시간도 없고 정해진 레시피도 없는 24시간 막노동이다. 그래서 '자식 가진 부모는 죄인이다'라는 말이 있을 정도여서 어떤 때는 '누가 대신 키워주면 좋겠다'는 생각을 할 정도다. 그런 상황에서도 부모는 오직 자식들은 나보다 더 성공하고 행복한 삶을 살 수 있도록 해주고 싶은 마음뿐이다.

부모는 아이를 부모 말 잘 듣는 아이로 키우는 방법을 찾기 위해서 육아 관련 서적을 수없이 읽고 육아 관련 모임에 기꺼이 나간다. 책에서 본 것이나 모임에서 들은 것이 그럴싸해 보이면 내 아이에게 맞을지 안 맞을지나 효과가 있을지 없을지는 나중에 생각하고 일단 적용해본다.

아이는 책대로 자라지 않는다. 아이를 키우는데 기본서는 없다. 물론 부모가 되는데도 기본서는 없다. 그 이유는 아이가 자라는 것과 부모인 내가 자란 환경이 다르고 각자 안에서 형성된 성향이 다르기 때문이다.

만약 아이를 키우는 데 '컨닝페이퍼'가 있다면 어떨까? 잘 키울 수 있을까? 아니면 너무 정답에 맞추려고 하다가 오히려 망칠까? 아이를 키우는 데 컨닝페이퍼는 없다. 설령 있다고 하더라도 아이마다 가진 역량이나 성향이 다르므로 모든 아이에게 하나같이 딱 떨어지는 육아 공식은 있을 수 없다.

'육아'라고 쓰고 '전쟁'이라고 읽는다

아이는 수정하는 그 순간부터 부모를 시험에 들게 한다. 아이가 잉태되는 그 순간부터 부모는 배 속에 있는 열 달 동안은 클래식 음악을 듣고 좋은 음식을 먹으면서 태교를 한다. 열 달의 기다림 끝에 아이가 태어났다고 우는 소리만으로도 '씩씩하다, 건강하다' 등의 수식어를 붙여 환희에 찬다. 그다음부터는 『엄마 난중일기』라는 책이 나올 만큼 전쟁이다. 젖 먹이고, 씻기고, 기저귀 갈고, 재우는 일 어느 하나도 쉬운 일이 없다. 아이의 울음소리 하나로 배가 고픈지, 기저귀가 젖었는지, 어디가 아픈지도 구분한다. 밤에 자다가 배가 고파서 울면 비몽사몽 간에 젖병을 흔들어 우유를 먹이고, 기저귀가 젖어서 울면 눈을 감고 기저귀를 갈고, 열이 나거나 아파서 울면 부모가 교대로 잠을 자면서 간호를 한다.

그러다가 아이의 옹알이에도 '엄마' 또는 '아빠'라고 했다며 동네

방네 자랑을 한다. 그리고 아이가 알아듣거나 말거나 "잘 잤어?"라거나 "기분이 좋아?" 등을 말하면서 눈을 마주치고 미소를 보낸다. 똥을 싸도 냄새나고 더러운 것이 아니라 잘했다고 칭찬하면서 '단내가 난다'고 한다. 그야말로 아이 앞에서 부모는 반푼수가 되는 것이다. 그렇게 뒤집고, 기고, 앉고, 일어서고, 걷고 하는 동안 부모는 그야말로 천하를 얻은 마음이다. 부모가 되고 나면 직장에서 욕을 먹어서 아니꼽고 더러워도 거뜬히 견뎌낼 수 있다. 아무리 피곤해도 현관문을 여는 순간 달려와 안기는 아이가 있기 때문이다.

그러나 이런 상황이 오래 가지는 않는다. 옛날에는 미운 일곱 살이라고 했지만 요즘은 '미운 세 살', '쥐어박고 싶은 여섯 살'이다. 자신이 갖고 싶은 물건이 있으면 울음으로라도, 아니면 떼를 부려서라도, 그도 아니면 반항을 해서라도 끝장을 본다. 그것만 있으면 다행이다. 어떤 부모는 달래도 볼 것이고, 어떤 부모는 윽박질러도 볼 것이다. 달래든 윽박지르든 결과는 매한가지 아이에게 먹히지 않는다는 것, 아무런 소용이 없다. 그래서 '육아라 쓰고 전쟁이라고 읽는다'라고 올린 인스타그램이나 블로그가 수도 없이 많고 '좋아요, 공감해요!' 댓글이 수도 없이 달린다. 또 어떤 이는 '아들 키우는 재미라고 쓰고 전쟁이라 읽는다'라는 글로 아이를 키우는 어려움을 전하기도 한다.

최소의 노력으로 최대의 효과를 내는 부모로 수선하라

최소의 노력으로 최대의 효과를 거두는 것은 '경제학'에서 주로 거론되는데 '경제학'에서는 최소의 투자로 최대의 생산을 강조한다. 반면 자식을 기르는 데 최소의 노력으로 아이가 성공적인 삶을 살아갈 수 있도록 한다는 것은 실로 어렵다. 하지만 부모라면 마땅히 해야 할 것이다. 우리 부모 세대는 자신이 먹을 것 먹지 않고, 입을 것 입지 않고 온갖 고생을 다 해서 자식 공부를 시키는데 아끼지 않았다. 그 결과 나이 들어서 수익 창출을 하지 못할 때가 되니 전적으로 자식에게 의지하는 형국이 되었다. 그러나 자식은 "나도 먹고살아야지, 우리는 부모님처럼 자식에게 올인하지 않는다"고 말한다. 그때야 부모는 빈 둥지 인생을 살면서 다시 한번 설움을 안고 살아가게 된다.

그렉 맥커운(Greg Mckeown)은 『최소 노력의 법칙』*에서 '모자란 것에 집중하면 가진 것도 잃어버리지만, 가진 것에 집중하면 모자란 것이 채워진다'고 말한다. 중국 당 태종도 태자가 말을 탈 때 "말은 사람 대신 많은 일을 해주는 동물이므로 때때로 휴식을 주어야 한다. 그 힘이 한계에 이를 때까지 착취하지만 않으면 말은 언제나 도움이 될 것이고, 나의 일을 대신해줄 것이므로 중간중간 휴식을 취하도록 하라"고 말했다.

자식은 부모의 일을 대신해주지는 않기 때문에 부모가 노후 준비도 없이 전부를 걸지 않고 노후에 스스로 살아갈 수 있도록 미리 준비해야 한다. 그 결과로 부모는 스트레스를 받지 않고 아이는 최소의 노력으로 최대의 효과를 거두는 것이다.

코가 얼굴 가운데에 있는 이유

동그라미 하나가 있었어요. 눈, 코, 입, 귀는 동그라미 가운데 앉으려고 다투기 시작했어요. 먼저 눈이 가운데에 폴짝 앉으며 말했어요.

"얼굴 가운데는 내가 앉아야 해. 내가 없으면 아무것도 볼 수 없잖아."

그 말을 들은 입이 얼른 눈 위로 올라가 자기 자랑을 했어요.

"내가 더 중요해. 내가 아니면 말을 할 수 있니? 먹을 수가 있니? 난 이 자리를 비킬 수 없어."

그러자 두 귀도 아랫자리를 차지하고는 말했어요.

*　　그렉 맥커운, 『최소 노력의 법칙』, 알에이치코리아, 2021.

"난 어떻고? 소리를 듣지 않고 무슨 일을 할 수가 있겠니?"

동그라미 밖에는 욕심 없는 코만 남아 있었어요. 하는 수 없이 코는 동그라미 바깥에 붙었어요. 그 순간 동그라미가 기울어져 버리자 눈, 귀, 입이 밖으로 나왔어요.

"저 코 때문에 어쩌지?"

"우리 누가 중요한가보다 누가 더 필요한지를 따져서 이기는 거로 하자."

코가 말했어요.

"좋아."

모두 고개를 끄덕였어요.

그때 입이 꾀를 냈어요.

"그럼 우리 모두 문을 닫아보자."

입은 먹지 못하면 죽는다는 것을 알고 있었기 때문이지요. 입이 말한 대로 모두 문을 닫아걸었어요. 눈이 말했어요.

"보이지 않으니까 갑갑하지?"

귀가 말했어요.

"안 들리니까 어때? 바보 돼지?"

입은 씩 비웃기만 했어요. 코만이 아무 말도 하지 않고 있었지요. 그때 갑자기 눈, 입, 귀가 노랗게 변해갔어요.

"왜 이러지? 왜 이렇게 숨을 쉬지 못하지? 죽을 것 같아, 정말."

비로소 코가 말했어요.

"내가 문을 닫고 있었기 때문이야. 나는 냄새나 향기를 들이기도 하지만 보다 큰일은 숨을 쉬는 것이거든."

결국 코가 동그라미 가운데에 앉게 되고 멀리 내다보는 일을 하는 눈은 맨 위로, 입은 아래에, 귀는 기울지 않게 양쪽에 자리를 잡게 되었대요.

2부

아이에게 놀 틈을 주는
부모로 수선합니다

아이들은
놀면서 자란다

인간은 호모 루덴스*고 아이들은 놀면서 자란다. 모든 문명은 놀이 속에서 생겨나고 발전해 가므로 아이들은 놀게 해야 한다. 그것도 마음껏 놀게 해야 한다. 놀이는 외부의 강요에 의해 이루어지는 것이 아니라 개인 내부에서 동기화된 활동으로 놀이할 때 스스로 하고 싶은 욕구가 생긴 놀이를 한다. 놀이 속 자발성의 원동력은 아이의 내부에서 생겨난 욕구와 동기다. 이러한 내재적 동기가 자신의 신체, 정신, 행위 등을 스스로 통제하고 끈기와 집중력을 통해 놀이에 몰입하게 만든다. 그러므로 놀이는 자유로운 선택에 의해 이루어진다. 아이는 외부의 강요에 의하지 않고 하고 싶은 것, 놀잇감, 공간, 주제 등을 자신이 선택할 수 있을 때 '놀이한다'고 느낀다.

* 호모 루덴스(Homo Ludens) : 놀이하는 동물

놀이 과정에서 이루어지는 자유로운 선택은 아이가 능동적으로 놀이를 구성하게 만들고 놀이에 더욱 몰입하게 한다. 이처럼 아이 스스로 자신의 결정 능력을 존중받았다고 느낄 때 자아존중감과 주도성이 길러질 수 있다.

놀이라는 말은 흔하고 누구나 알고 있는 것이어서 무심코 지나쳐버리기 쉽지만 아이들에게 놀이는 삶이다. 이러한 놀이에서 가장 중요한 것은 아이가 스스로 놀이를 선택해야 한다는 것이다.

놀이는 즐거움이다

놀이는 사전적 의미로 '인간의 생존과 관련 활동'과 '일' 관련 활동을 제외한 모든 신체적·정신적 활동을 의미한다. 아이들에게 놀이는 무엇을 한다는 것에 대한 정의를 내리는 것이 아니라 자신에게 즐거움을 주는 모든 행위다.

게리 L. 랜드레스(Garry L. Landreth)는 '영유아의 세계는 구체적인 현실에 있으며 현실에서의 경험은 놀이를 통해 전달된다'고 하였다. 어른들은 언어로 의사소통을 하지만 아이들은 놀이를 통해서 다른 사람과 의사소통과 상호작용을 하는 기회를 갖게 된다. 그러므로 부모는 아이들이 놀이하는 동안 아무것도 요구하지도 말고 놀이를 통해서 지식적인 무엇인가를 얻으려고도 하지 말아야 할 것이다. 부모가 아이들의 놀이에서 무엇인가를 얻으려고 하는 순간 아이들에게 놀이의 즐거움은 사라지게 된다. 부모가 원하지 않아도 아이들은 놀이에서 언어발달, 수학, 과학, 사회성발달이 저절로 이뤄지므로 그저 즐겁기만 하면 된다. 이는 아이들이 놀이 상황에 몰입하는 동안 내적인 흥미를 느끼기 때문에 지속성을 가진 놀이를 하는 것이며, 이를 통해 긍정적인 정서를 경험하게 된다. 놀이하는 경험을 통해 재미와 기쁨, 감정의 해소, 심미성, 유머 등의 정신적·정서적 상태를 수반하는 즐거움을 느낀다. 아이는 호기심을 갖고 다양하게 시도하며 문제를 해결해나가는 과정에서 성취감을 느낀다. 때로는 놀이 과정에서 감정을 분출하며 정서적 긴장이나 두려움을 해소함으로써 즐거움을 경험하기도 하고, 자신이 느끼는 따뜻함, 배려, 아름다움과 같은 심미성이 즐거움을 주기도 한다.

부모가 강요하지 않고 아이가 스스로 선택한 놀이는 목표로 정하지 않은 많은 것들을 자연스럽게 배우게 되고 즐거우므로 몰입하게 된다. 즐겁게 몰입하는 것은 아이들에게 집중력도 길러지고 다음에 또 놀고 싶은 마음을 가지게 된다.

놀이는 과정이 중요하다

아이의 놀이는 결과보다는 놀이하는 과정, 그 자체를 즐기고 그 속에서 기쁨을 느끼는 것이 중요하다. 기쁨을 느끼며 하는 놀이는 아이들에게 목표에 대한 부담이 없다. 그러므로 놀이를 하는 과정이 융통성 있고 자유로운 다양한 방법으로 놀이를 시도할 수 있게 된다. 즉 놀이는 결과 지향적이 아니라 과정 지향적이어야 한다. 그

때문에 놀이에서 특정한 학습 목표를 달성하도록 일방적으로 제시하거나 이끌기보다는 놀이의 흐름을 따라가며 아이가 놀이의 변화를 주도할 수 있도록 지원해주는 것이 중요하다. 다시 말해서, 놀이를 통해 재능 있는 아이로 길러야겠다는 목적이 되어서는 안 된다는 것이다. 놀이는 놀이하는 과정에서 긍정적인 정서를 길러주고 자기표현력을 자연스럽게 길러주기 때문이다.

살면서 한 번쯤은 해봤을 줄넘기 게임에서 과정과 결과 어느 쪽이 중요한지 알 수 있다. 물론 혼자 하는 줄넘기가 아니라 여러명이 하는 놀이에서이다. 줄넘기를 하려면 최소 3명이 있어야 할 수 있는 놀이이다. 2명은 양쪽에서 줄을 돌리고 1명은 가운데서 뛰어서 줄을 밟지 말아야 하는 놀이다. 결과적으로 누가 오래 뛰었는지를 세어서 1등, 2등, 3등을 정해서 상이나 벌이 주어지는 것이 아니라 한 번은 내가 줄을 돌리는 사람, 한번은 내가 뛰는 주자가 될 뿐이다. 그러나 과정에서는 누가 먼저 줄을 돌리거나 뛰는 주자가 될 것인지 등에 대한 놀이의 규칙을 함께 정하고 양쪽에서 줄을 같은 방향으로 돌리기 위해 협력하면서 사회·정서가 발달한다. 또한, 주자가 몇 번을 뛰는지 수를 세면서 수에 대한 개념과 자기 표현력이 길러지는 것이다.

놀이는 상상과 현실을 넘나든다

아이는 자신의 경험을 놀이의 맥락에 맞춰 자유롭게 선택해 활용한다. 이때 사실이나 현실로부터 자유로워지며 상상과 자유로운 표현을 한다. 물체나 상황으로 대체할 수도 있고 다른 인물이 될 수도 있다. 이러한 비실제적 특성은 놀이 속에서 형성된 내재적 실제가 일상에서 형성된 외현적 실제보다 우선하는 것을 의미한다. 놀이의 중요한 특징인 비실제성으로 인해 놀이는 상상과 현실을 넘나들고, 풍부해지며, 무한한 변화와 창조의 과정이 될 수 있다.

백희나 작가의 『구름빵』*을 아이들은 너무나 좋아한다. 나무 위에 걸려있는 작은 구름 조각을 엄마에게 가져다주니 엄마는 그 구름으로 아침 식사를 만든다. 구름빵을 먹자마자 두둥실 떠오른다. 이른 시간 출근하느라 밥도 못 먹고 나간 아빠를 위해, 동생과 함께 훨훨 날아 아빠가 타고 있는 버스 창 너머로 구름빵을 건넨다. 아빠도 구름빵을 먹고 훨훨 날아서 회사에 무사히 늦지 않고 도착한다는 내용은 상상과 현실을 넘나든다는 것을 누구나 알 수 있다. 아이들은 실제 부모와 함께 빵을 구워 먹으면서 어른들의 입장에서 보면 말도 안 되는 놀이를 하다 보면 상상력이 저절로 자극된다.

---

*   백희나, 『구름빵』, 한솔수북, 2004.

조건 없이 놀게 해라

예전에는 아이들이 산이나 들로 뛰어다니고 흙으로 된 운동장이나 공터에서 놀았다. 그러나 지금은 자동차를 타고 이곳에서 저곳으로 여행하거나, 비행기를 타고 다른 나라를 여행하는 것을 놀게 하는 것으로 여긴다. 도로, 집, 사방은 온통 시멘트로 되어 있고 놀이터에도 흙 대신 폐타이어로 만든 우레탄이 깔려 있고 운동장에서 뛰어노는 아이들도 보기 힘들다. 부모들은 아이들을 놀게 하는 데 "이것만 하면, 숙제 다 하면" 등의 조건을 붙인다.

존 듀이(John Dewey)는 놀이를 '어떤 결과를 얻기 위한 의도적인 활동이 아니라 활동 자체가 목적인 행동으로 아동의 문제해결력을 증진시키는 활동', 쉴러(F.Schiller)는 놀이를 '잉여 에너지를 맹목적으로 소비하는 행동'으로 정의했다. 또한, 프뢰벨(F.W.Frobel)은 놀이를 '인간의 가장 순수한 정신적 활동'이라고 말했다.

놀이와 발달의 관계는 신체발달과 놀이는 운동능력이 향상되고, 감각 및 지각능력을 발달시킬 뿐만 아니라 놀이를 하면서 위험 상황을 인지하고 적절히 대처하는 능력이 길러진다.

인지발달과 놀이는 구체적인 경험을 통해 의미 있는 자기발견적 학습을 하고 인지발달이 이루어지며 수, 분류, 서열화, 공간, 시간개념 등을 자연스럽게 배운다. 그리고 과학적 지식을 습득하고, 탐구과정을 경험하며 새로운 놀잇감이나 상황을 탐색하고 다양한 시도를 해보면서 문제해결력이 발달한다. 또한, 사물, 상황, 역할을 상상하는 놀이를 통해 추상적 사고력이 증진된다.

놀이는 언어발달과도 연관이 있다. 아이는 놀이를 하면서 다양한 어휘를 구사하고 연습할 기회를 자연스럽게 가짐으로써 언어발달이 이루어진다. 그 과정에서 다양한 어휘를 습득하고 자신의 생각과 느낌을 적절하게 표현하는 능력을 기른다. 또 여러 상황이나 역할에 적합한 언어를 사용하는 놀이경험을 통해 바른 언어생활 습관을 형성한다. 친구들과 놀이를 하면서 남의 말을 잘 듣고 이해하며 자신의 의견을 교환하는 의사소통 능력을 기른다. 가게놀이, 우체국놀이 등과 같이 글자를 접할 기회가 많은 놀이를 하면 그로 인해 읽기, 쓰기에 관심을 가지고 자발적으로 학습하려는 의욕을 갖게 된다.

놀이는 정서발달에도 영향을 준다. 아이는 놀이에서 다양한 정서반응을 통해 정서발달을 겪는다. 놀이의 기쁨과 즐거움, 만족스러운 경험을 통해 긍정적인 자아개념, 자신감, 성취감, 자율성 등 건전한 정서를 형성한다. 또 놀이를 통해 질투, 두려움 등의 부정적 감정이 정화될 수 있어서 정신건강에 도움이 된다. 그뿐만 아니라 감정을 통제하는 방법, 갈등해결 방법을 습득하고, 다른 사람에 대한 조망능력과 공감능력을 기른다.

아이는 놀이를 통해 사회성 발달을 겪고 사회적 존재로 성장한다. 부모, 양육자, 교사에게 친밀감을 느껴 애착 관계를 형성하고, 또래와 놀이를 하면서 다른 사람과 더불어 살아가는 데 필요한 사회적 능력을 기른다. 그 예로 질서 지키기, 협력하기, 공유하기 등이 있다. 또 주변 사회에 대한 관심과 이해 및 지식을 습득한다.

놀이는 아이의 창의성 발달을 돕는다. 인간은 누구나 창의적 능력을 가지고 태어나는데, 다양한 놀이를 자유롭게 하면서 호기심, 자발성, 민감성 등 창의성 요소를 발달시킬 수 있다. 놀이 중에 다양한 탐색을 하면서 융통성 있는 사고 능력을 기른다. 가작화 요소*가 내포된 역할놀이를 하면서 상상력이 발달하고, 새롭고 독특하게 생각하는 독창성이 발달한다.

이처럼 놀이는 놀이 그 자체만으로도 충분히 다양한 영역의 발달을 촉진하므로 조건이 있어서는 안 된다. 아이를 조건 없이 놀게 하면 공부를 놀이처럼 하게 된다. 그때부터 아이는 스스로 자신의 흥미 분야에 대한 지식을 쌓기 위해 책을 읽고 관심 분야의 멘토를 찾고 자신에게 동기부여를 하기 시작한다.

---

* '~인 척하는' 놀이

아이가 좋아하는
놀이를 하게 해라

놀이와 일의 차이는 다음과 같다. 놀이는 내적 동기에 의해 자발적이며 능동적이고 행동 자체가 목적이며 규칙을 내부에서 자유롭게 정할 수 있고 현실을 떠나 상상의 세계로 변신할 수 있다. 반면에 일은 강요에 의해 수동적으로 외적인 목적에 얽매여 규칙이 외부에서 부여되는 경우가 많으며 현실에서만 이루어지는 것이다. 이러한 놀이의 특성은 재미있고 즐거우며, 자발적이고, 융통성 있고 가변적이며, 공상적이고, 과정중심이다. 아이들이 놀이를 반복하고 지속하는 것은 재미있고 즐겁기 때문이다.

놀이는 내적으로 동기화된 자발적인 행동이므로, 아이들은 놀이를 하고 싶은 욕구에 의해 스스로 몰입하여 능동적으로 놀이한다. 놀이는 융통성 있고 가변적이다. 이는 놀이 방법이나 내용, 규칙 등이 놀이하는 영유아에 의해 언제든지 자유롭게 변할 수 있다는 것이다. 또한, 아이들이 원하는 방향으로 놀이 내용을 재구성하거나 놀잇감의 용도를 변경시킬 수 있다. 그뿐만 아니라 친구들과 합의하여 새로운 규칙을 만들 수도 있다.

놀이에는 가작화 요소가 내포되어 실제의 사람이나 사물이 마치 다른 사람이나 사물인 척하며 놀 수 있으므로 당연히 상상력이 필요하다.

놀이는 과정에 초점을 맞추고 있으므로 놀이 후의 결과보다는 놀이 과정 자체를 즐기며 과정에서 만족을 얻을 수 있다. 결과에 대한 부담이 없으므로 놀이를 하면서 다양한 탐색이나 변화를 마음껏 시도할 수 있으므로 과정중심적이다. 놀이에는 이러한 특성들이 있으므로 아이는 어른들이 정해놓은 놀이를 하지 않아야 충분하고 즐겁게 놀이를 할 수 있다.

우리가 잘 알고 있는 「개미와 베짱이」에서 개미는 여름 내내 땀 흘리며 겨울에 먹을 양식을 모은다. 반면에 베짱이는 나무그늘에 앉아 노래만 부르다가 추운 겨울이 오자 배가 고파서 개미의 집으로 먹을 것을 얻으러 간다.

이러한 「개미와 베짱이」가 일본에 건너가면, 이야기 전반부는 같지만 후반부가 다르다. 일본판 「개미와 베짱이」는 개미가 베짱이를 측은하게 생각하지만 먹을 것을 조금만 준다고 한다. 이는 어려운 이웃을 생각하는 사랑의 정신이 첨가되고 베짱이도 노동의 가치를 인정하게 된다는 것이다.

프랑스로 건너가면 한 단계 비약한다. 프랑스의 「개미와 베짱이」

는 생산성을 높이기 위해 휴식과 오락이 필요하다는 점이 강조된다. 힘들게 일하는 개미를 위해 베짱이가 노래를 불러서 생산성을 높여주었기 때문에 개미는 그 보답으로 상당한 식량을 베짱이에게 보내주었다고 한다. 이를테면 놀이도 노동의 범주에 끼게 되며 땀 흘려 일하는 것만 능사가 아니라는 이야기다.

미국에서는 각자의 소질과 창의 그리고 개척자 정신이 존중받는 나라이기 때문에 베짱이가 개미의 업소를 방문해 노래를 부르면 손님이 몰려온다고 한다. 노래 부르고 사는 것이 더 이상 서러운 일이 아니라는 뜻이다.

우리나라는 개미처럼 일만 하면 골병이 들어 허리가 휘지만, 베짱이처럼 자신이 좋아하는 일을 했더니 음반 내서 평생 먹고살 것을 마련한다. 과거에는 한 줄로 나란히 세워놓고 동시에 달리게 하여 결승점에서 1등, 2등, 3등을 매겨 손등에 파란색 스탬프로 찍어주었으나 요즘에는 아이돌처럼 같이 모여서 노래 부르고 다시 각자 예능이나 드라마를 찍거나 사업을 하는 것과 같다.

아이가 좋아하는 놀이를 해야 하는 당위성을 「개미와 베짱이」에서 보면 과거에는 개미가 근면·성실하고 칭찬받았으며, 베짱이는 게으름의 아이콘으로 자리매김 되었다. 하지만 현대 사회에서는 베짱이처럼 살아야 한다. 자신이 좋아하는 것, 잘하는 것을 하면서 살아야 진정 행복한 삶이라고 생각하기 때문이다.

마음껏 놀게 해라

'아이를 마음껏 놀게 한다'라는 것은 실제 놀이터에 나가서 놀게 하는 것이 아니라 아이가 하고 싶은 것을 하게 하라는 것이다. 예컨대 책 읽는 것을 좋아하는 아이는 책 읽는 것이 놀이일 것이고, 축구나 농구 등 공놀이를 즐기는 아이는 그 자체가 놀이인 것이다. 즉 아이들에게 어른들이 '마음껏 놀게 하라'는 것은 "이거 해라, 저거 해라"를 하지 않는 것이다. 아이들은 다가오지 않은 앞일을 생각하지 않고 눈앞의 순간만 즐길 만큼 어른들이 생각하는 것보다 훨씬 단순하다. 이런 아이들을 본성대로 살아가도록 지켜주는 것은 바로 마음껏 놀게 하는 것이다.

슈물리 보테악은 『아이를 성장시키는 유대인 부모의 말』[*]에서 현

---

[*]　슈물리 보테악, 『아이를 성장시키는 유대인 부모의 말』, 알에이치코리아, 2021.

재를 사는 법을 배운 아이는 결국 심리적으로 더 안정된 어른으로 성장한다고 하였다.

아이들에게 놀 수 있는 터를 줘라

놀 수 있는 터를 마련해주면 똑똑한 아이가 된다. 놀 터를 마련해주라고 한다고 뭔가 거창한 물리적인 공간을 마련해주라는 것이 아니다. 풀 한 포기 있는 곳이 놀 터가 될 수도 있고, 나무 아래가 놀 터가 될 수 있고, 내가 서 있는 곳에 따라다니는 그림자가 있는 곳이 놀 터가 될 수도 있다. 아이들에게 놀 터는 뇌발달과 인지발달을 촉진한다.

뇌 발달은 인지와 관계가 있다. 인지가 잘 발달되었다는 것은 똑똑하다는 것이다. 뇌 발달 관련 쥐 실험이 있었다. 친구도 있고 놀 잇감도 있고 풍요로운 환경에서 자란 쥐와 혼자 노는 쥐는 뇌의 발달 수준, 뇌세포, 뉴런의 발달 수준이 달랐다. 건강한 뇌가 발달하기 위해서는 뉴런이 건강하게 발달해야 되는데, 이는 환경에 따라서 발달 수준이 달라진다.

층간소음을 없애려면 마음껏 뛰어놀게 하라

놀 터가 있어서 마음껏 잘 노는 아이는 집에서 뛸 일이 없고 집에서 뛰지 않으면 층간소음으로 다툼이 일어날 일이 없다. 집에서 뛰는 이유는 아직 하루에 소모해야 하는 에너지가 남아있기 때문이다. 아이들이 운동회 한 날이나 소풍을 다녀온 날에는 잠을 잘 잔다. 그 이유는 하루에 소비해야 할 에너지를 다 소비했기 때문이다. 하루 소비할 에너지를 다 소비하지 못해서 7살 아이와 늘 다투었다는 아빠가 있었다. 소풍 다음 날, 아이를 등원시켜 주면서 어젯밤에 은희가 너무 잘 자서 진짜 좋았다며 "선생님 제가 매일 도시락 싸줄 테니 날마다 소풍 가면 안 될까요?"라며 웃으셨다. 아이가 일찍 자면 층간소음은 당연히 없다. 소풍이나 운동회는 당연히 매일 할 수 있는 것이 아니다. 그러나 곳곳에 있는 놀이터에서라도 아이를 마음껏 뛰어놀게 하는 것은 매우 좋은 방법이다. 놀이터에서 놀 때 부모가 지켜야 할 것이 있다. 물론 많은 것이 있겠지만, 저자가 제안하는 방법은 놀이터에서 노는 시간 만큼은 간섭하지 않는 것이다. 물론 위험한 행동을 하거나 다른 사람에게 피해를 주는 행동 등은 주의를 시켜야 한다.

아이들이 부모와 함께 뛰면서 많은 에너지를 소모할 수 있는 좋은 놀이 중 '한 발 두 발 놀이', '까막잡기' 놀이가 있다. 처음에는 부모가 함께하지만 나중에는 아이들끼리도 할 수 있는 놀이다.

'한 발 두 발 놀이'는 술래가 "다섯 발"이라고 외치면 술래가 아닌 아이들은 각자 힘껏 도움닫기 하여 다섯 발을 뛰고 술래는 네 발을 뛴다. 한 발을 적게 뛴 술래가 다른 아이의 몸을 터치하면 아웃이 되고 다시 술래가 바뀌는 놀이다. 이때 술래는 좌우 직선으로는 움직일 수 있다. 이 놀이는 열 발 이내로 너무 멀리 뛰지 않아야 한다.

'까막잡기' 놀이는 3명 이상이면 할 수 있고, 8-10명 정도가 적당하다. 이 놀이는 방향감각이나 공간능력이 자연스럽게 향상되는 놀이다. 먼저 조용하고 장애물이 없는 곳을 정해서 그 안에서만 놀기로 규칙을 정하고 가위바위보 등 적당한 방법으로 술래를 한 명 정한다. 술래는 보이지 않게 수건이나 눈가리개로 눈을 가린다. 술래를 제외한 나머지 아이들은 손뼉을 치면서 술래를 피해 다닌다. 술래에게 잡힌 사람은 술래가 되어 놀이를 다시 시작한다. 세 번 이상 잡힌 사람은 벌칙을 정하여 벌을 받게 하는 것이 좋다.

아이들에게 놀 틈을 줘라

고기도 먹어본 사람이 고기 맛을 아는 것과 마찬가지로 놀아본 아이가 다른 사람들과 노는 방법을 안다.

우스갯소리지만 '92세 할머니의 뼈 있는 인생조언'에서 아이들에게 놀 틈을 주어야 하는 당위성을 찾아볼 수 있다. 할머니는 '늙으면 가장 억울한 것이 얼굴에 주름이 많은 것도 아니고 돈이 없는 것도 아니고 한 번도 제대로 놀아보지 않은 것'이라고 말한다. 여유가 생겨 놀아보려고 하니 몸이 말을 듣지 않는다고 했다. 옛날이나 지금이나 어리면 어린 대로 나이 들면 나이 든 대로 놀 틈이 없는 것은 마찬가지다. 옛날 할머니가 어릴 때는 노동력을 제공해야 해서 놀 틈이 없었고, 요즘 아이들은 학교 이후 시간에 매시간 학원을 다니느라 놀 틈이 없다. 놀 틈이 없는 것도 아이들을 구속하는 것이지만 시간에 맞춰 공부만 하는 것은 더 심한 구속이다.

독일의 한 탄광에서 갱도가 무너져 광부들이 갇힌 사고가 있었다. 광부들은 외부와 연락이 차단된 상태에서 일주일 만에 구조되었는데 사망자는 단 한 명이었다고 한다. 그는 시계를 찬 광부였는데, 갇힌 상태에서 끊임없이 시계를 바라보며 불안감과 초조함이 극대화된 것이 사망 원인이었다고 한다. 이처럼 시간의 소중함만을 강조하며 틈 없이 사는 게 좋은 것만은 아니다. 즉 매시간 틈 없이 학원을 찾아다닌다고 해서 아이의 미래가 보장되는 것은 아니다.

『성경』에서 '창조의 마무리', '완성'은 쉼을 통해서 이루어진다고 하였다. 이 쉼이라는 것이 어른들에게는 열심히 일한 뒤나 일하는 중간에 휴식을 취하는 것이지만 아이들에게는 공부와 놀이를 따로 하는 틈을 가져야 한다는 의미다.

갖가지 경험을 하게 하는 것이야말로 진정한 놀 틈이다.

놀이의 시작은 어디서부터인가?

놀이는 아이가 관심과 흥미를 보이는 바로 그 순간 시작된다. 다양한 사물이나 장소 및 현상에서도 놀이가 시작될 수 있다.

부모라면 아이가 대변을 가릴 때쯤 혼자 화장실에 앉혀놓고 잠깐 볼일 보고 온 사이에 두루마리 휴지를 몽땅 풀어버리거나 티슈를 전부 뽑아서 속상한 경험이 한 번쯤은 있을 것이다. 이렇게 휴지를 풀고 뽑는 것도 아이의 재미있는 놀이다. 두루마리 휴지를 풀면서 아이는 '휴지가 길다'라는 길이에 대한 개념을 알 수 있고, 티슈를 뽑으면서 아이는 소근육이 발달한다.

저자가 제안하는 놀이는 거창한 준비가 없어도 손쉽게 시작할 수 있는 물놀이와 모래놀이다. 물놀이는 꼭 바다나 계곡이나 수영장을 가라는 것이 아니다. 우리는 흔히 비 오는 날은 밖에도 나가면 안 되는 것으로 생각하는데 내 경험상 아이들은 다르다. 궂은 날씨에는 아이들의 안전을 생각하는 것도 좋지만, 비옷에 장화를 신거나 우산을 쓰고 밖으로 나가야 한다. 물웅덩이에서 첨벙거려보기도 하고, 처마 끝에 서서 우산 위에 떨어지는 빗소리를 들으며 우산 끝으로 미끄러지는 빗물을 손에 받아서 모으면 아이는 스트레스 해소는 물론 성취감도 느끼게 될 것이다. 그리고 모래놀이는 퍼서 담고 옮기고 두꺼비집 짓기 정도로 생각하는데 좀 더 범위를 넓혀서 물이 들어오는 데까지 허용하면 좋을 것이다. 옷이 젖거나 더러워지는 것을 걱정하지 말고 아이가 즐겁게 노는 것만 생각하고 모래와 물을 반반씩 그릇에 담아서 위에서 부으면 아이가 원하는 모양을 만들 수도 있는 것이 모래놀이다. 그리고 모래로 만들어 놓은 모양에 물이 들어가면 모양이 망가지거나 물을 이용하여 모양을 만들 수 있는 과학적 원리도 터득하게 된다.

놀이의 끝은 어디까지인가?

세계적인 심리학자 장 피아제(Jean Piaget)는 '놀이는 인지 발달의 주요 지표가 된다'고 하였다. 놀이의 끝은 아이가 충분히 놀이를 즐기고 지칠 때가 끝이다. 아이의 놀이는 부모의 욕심이 주입되는 시간이 아니라 오롯이 아이 자신이 주도하는 시간이다. 아이는 놀이를 통하여 세상을 배우고 살면서 필요한 지혜를 배운다. 세상살이와 인간관계에서 꼭 필요한 가치와 기본적인 기술들 모두를 놀이에서 배울 수 있다고 해도 과언이 아닐 정도로 아이들에게 놀이는 가치가 있다. 그럼에도 불구하고 부모들은 놀이와 학습을 반비례 관계라 생각하고 쉽 없이 "놀지 말고 공부해라"고 말한다.

아이들은 자신이 좋아하는 놀이를 할 때 집중도가 매우 높다. 땀이 나도록 놀게 해주면 그리 길지 않은 시간에 지쳐서 쉬고 싶어 하거나 먹을 것을 달라고 한다. 이때가 바로 아이의 놀이가 끝나는 순간이다.

함께 놀이하라

부모라는 타이틀을 벗어던지고 놀이를 함께하는 놀이동반자로서 컴퓨터 게임, 블록놀이, 총싸움 등 아이들의 놀이에 참가해야 한다. 함께 놀아보면 의외로 놀이가 재미있는 것을 알게 될 것이다. 아이들은 자신과 함께 놀아주는 부모를 보며 어른과 부모에 대한 깊은 신뢰감을 갖게 된다.

우리 집은 명절에 가족들이 모이면 흔히 하는 '화투'를 하지 않는 분위기다. 그래서 어디를 이동하는 차 안에서도 끝말잇기나 사자성어 말하기, 시장에 가면, 산 넘어 산 등의 게임을 하고 집에서도 거실 바닥에 테이프로 경계를 만들어 놓고 병뚜껑 멀리 보내기, 탁구공 골프, 한 발로 오래 서 있기 등과, 스마트폰 앱을 통해 「라이어 게임」 등을 즐긴다. 아이들 지능을 높이려는 의도가 있는 것도 아니고 그냥 자연스레 했던 것들이 아이들에게 긍정적인 영향을 미친다. 모이면 각자 따로 놀거나 휴대폰만 쳐다보는 것이 아니라 익숙해지면 가족이 함께 놀이하는 것이 자연스럽다. 무엇보다 이런 과정에서 부모도 아이들을 자연스럽게 대해야 한다. 못하면 못하는 대로 "다음에는 잘할 거야"라고 격려하고 혹시 잘하면 칭찬하면 된다. 부모가 아이가 함께 놀이한다는 그 자체만으로도 충분히 긍정적인 관계를 형성하고 정서적 안정감을 가지는 일거양득의 효과가 있을 것이다.

딸에게 특별한 아빠가 되라

유리창이 깨지면 새것으로 갈아 끼우면 되지만 부모와 자식 간의 사랑이 깨지면 수선은커녕 수리도 안 된다. 능력 있는 아빠는 좋은 아파트에 사는 게 아니라 함께 노는 아빠다. 품 안의 자식일 때, 아이와 멋진 관계가 이어질 때 가정에 행복이 동반된다. 그래서 우리 아이를 무쇠 가마솥에 밥하듯 키우는 특별한 아빠가 되기를 바란다. 즉, 가마솥에 밥을 할 때 밥물이 넘으면 닦아주고 푹 뜸이 들도록 기다려주는 것과 같이 말이다.

딸에게 특별한 아빠가 되는 방법을 몇 가지 제시하고자 한다. 먼저 목말을 태워주는 것이다. 아빠의 어깨 위에 앉아서 목말을 타면 아이는 세상의 모든 것을 얻은 것처럼 기분이 좋아진다고 한다. 아이가 좀 자랐을 때 "아빠 힘들어요, 내려주세요" 하면 아빠는 아주 폼 잡고 "아빠 같은 아빠 흔하지 않아"라며 내려주면 된다. 좀 더 교육적으로 가고 싶으면 "너는 아빠보다 더 넓은 세상에서 아빠보다 큰 인물로 멋지게 잘 살았으면 좋겠다. 커서도 아빠랑 목말 탄 것 잊지 마"라고 하면 아이는 아빠의 말을 평생 잊지 못할 것이다. 이것을 딸에게 매일매일 해준다면 아빠는 아이에게 특별한 아빠가 된다.

그리고 자녀들과 설거지하는 날을 만들면 딸에게 특별한 아빠가 될 것이다. 아이에게 발 받침대를 만들어 키 높이를 같게 하고, 세제는 미끄러우니까 아빠가 닦고, 딸은 헹구면서 수다를 떨면 된다. 또한, 동화책을 읽어주고 음악에 맞춰 함께 춤을 춰도 자녀들에게 특별한 아빠가 될 수 있다. 또한, 아이를 무릎에 앉히고 동화책을 함께 바라보면서 읽어주면 된다. 아이는 눈으로 그림을 보고, 귀로는 아빠 목소리를 듣고, 머리로는 생각이나 상상을 하면서 집중력이 높아지는 3가지 경험을 동시에 겪는다. 이뿐만 아니라 언어전달 능력이 뛰어나게 되고 발음과 끊어 읽기가 정확해진다.

책을 좋아하지 않는 아이는 어휘의 느낌을 잘 모른다. 빌 게이츠는 '오늘날의 나를 있게 한 것은 우리 동네 작은 도서관이었다. 하버드 대학 졸업장보다 소중한 것이 독서 습관이다"라고 하면서 어린 시절 독서 습관의 중요성을 강조했다. 사람은 성장기 때 읽었던 책에 영향을 받고 그와 유사한 삶을 살려고 한다.

아이가 잠들기 전에 책을 읽어주는 것은 아이를 조용히 재우는 방법이기도 하지만 똑똑한 아이로 키우는 방법이기도 하다. 아이가 잠들기 전 위인전을 읽어주면 잠들기 직전에 들었던 기억은 장기기억으로 남는다. 장기기억은 자면서 두뇌에 정리되고 저장되어 지식으로 축적된다. 즉 자기 전에 TV만 보았던 아이는 머릿속에 드라마 장면들이 정리되겠지만 아빠의 목소리를 통해 위인의 이야기를 들었다면 그 위인의 내용이 기억으로 남는다. 유발 하라리는 그의 저서 『사피엔스』"에서 독서 습관은 대물림되며, 독서 습관은 교육 수준을 만들고, 그 교육 수준은 경쟁력을 만든다고 했다.

딸에게 특별한 아빠가 되는 것 중 또 하나는 '함께 움직이는 것'이다. 음악에 맞춰 아이와 춤을 추는 것은 아이를 발등에 올리고 손을 마주 잡고 왔다 갔다만 해도 아이에게는 긍정적인 에너지가 생긴다. 아이는 그 행동에서 아빠의 사랑을 느낀다. 아빠의 사랑에는 엄마의 사랑과는 사뭇 다른 특별한 뭔가가 있음에도 불구하고 바쁘다는 이유로 특별한 것을 놓쳐버리지는 않는지 점검해보면 좋을 것이다.

*   카스파파, 『이기적 1시간』, 유노북스, 2019

**   유발 하라리, 『사피엔스』, 김영사, 2015.

아들의 사회성은 아빠의 사회성을 90% 닮는다고 한다. 아이들에게 가장 훌륭한 아빠는 아이들이 필요할 때 곁에 있는 것이다. 가족을 위해 몸과 마음을 바쳐 희생하다가 여유가 생겨 자식들과 함께 시간을 갖고자 할 때 그들은 쑥쑥 자라 아빠보다 친구를, 연인을, 또는 아내를 더 찾게 된다고 한다. 실상 아이에게 아빠가 필요한 시기는 어린 시기다.

아들에게 특별한 아빠가 되는 방법은 팔씨름하기, 함께 세차하기, 잠자기 전 베개 싸움하기, 함께 요리하기, 함께 목욕하기를 권한다. 아들과 함께 팔씨름을 할 때 절대 쉽게 져주면 안 된다. 이기더라도 표정에 안간힘을 다해야 한다. 만약 아이에게 일부러 져주면 환호성을 지르며 목숨을 걸고 시간만 나면 자꾸 하자고 한다. 반대로 아이가 졌을 때 아직 힘이 약해서 졌다고 위로해주면 아이는 다음을 위해 노력을 더하게 된다.

화창한 날 아이와 함께 세차를 하면 아이는 아빠의 일을 거들었더니 훨씬 쉽게 빨리 끝낼 수 있다는 자신감이 생긴다. 잠자기 전 베개 싸움은 힘의 논리가 아니라 방법적으로 지략이 필요하므로, 공평한 선상에서 출발하여 서로 눈치 볼 필요 없이 마음껏 에너지를 발산할 수 있다.

아이와 함께 장본 것으로 저녁 밥상을 함께 차린다면 아내도 행복하지만, 무엇보다 아이는 편식도 안 하게 되고 다른 사람을 위해 무엇인가를 해냈다는 성취감도 느끼게 된다.

함께 목욕하기는 당연히 하는 것이어서 특별하다고 생각하지 않지만 어려서 아빠와 목욕한 경험이 많은 아이는 사춘기 되어서도 사회 문제 3%, 그렇지 않은 아이는 30% 발생한다고 한다.[*] 이는 아빠와의 관계가 아이의 도덕성 발달에 영향을 미친다는 것이다.

또한, 아이는 엄마보다 아빠랑 노는 것을 더 좋아한다. 엄마와 놀이를 할 때는 학습을 생각하고 정적인 놀이 위주로 정형화되어 있지만, 아빠는 아이들이 충분히 에너지를 발산할 수 있도록 역동적이며 재미 위주의 놀이를 하기 때문이다.

[*] https://baby.namyangi.com/contents/view/4202/11222

부모의 18번은 '공부해라'가 아닌
'나가 놀아라'가 되라

엄마는 눈 뜨고 있는 시간에 아이만 보면 "공부해라"라고 말한다. 아빠는 퇴근해서 처음으로 아이와 나누는 대화가 "공부했니?" 아니면 조금 정제된 말로 하는 것이 "공부는 잘되어가니?"이다. 그래서 부모들의 18번은 "공부해라, 공부했니?"다.

신영복 교수는 『담론』*에서 "공부는 세계 인식과 인간에 대한 성찰이면서 동시에 미래의 창조로 머리, 가슴, 발의 순서로 한다. 공부의 시작은 머리에서 가슴으로 가는 것인데 우리가 일생 동안 하는 여행 중에서 가장 먼 여행은 '머리에서 가슴까지의 여행'"이라고 말했다.

아이들은 "해라" 하면 하던 짓도 안 하고 싶어 한다. 진정한 공부

* 신영복, 『담론』, 돌베개, 2015.

는 스스로 하고 싶어서 해야 효과가 있고, 변화와 창조로 이어져 가치가 된다.

머리가 아닌 가슴으로 생각한 말을 하라

소와 사자 사이

소와 사자는 죽도록 사랑해서 결혼을 하게 되었습니다. 둘은 결혼하면서 한 가지 약속을 했습니다. 서로에게 최선을 다하기로 말이지요.

소는 최선을 다해서 맛있는 풀을 날마다 사자에게 대접했습니다. 사자는 싫었지만 꾹 참고 먹었습니다. 사자도 최선을 다해 사냥을 하여 날마다 소에게 살코기를 대접했습니다. 소도 괴로웠지만 웃으면서 참았습니다.

하지만 시간이 흐를수록 마음이 부글부글 끓고 화가 나 참지 못했고, 둘은 마주앉아 얘기하기로 하였습니다. 그러나 소와 사자는 자기 말만 열심히 하며 다투다가 헤어지고 말았습니다. 헤어지면서 서로에게 한 말은, "난 최선을 다했어!"라는 말이었습니다.

소가 소의 눈으로만 세상을 보고, 사자가 사자의 눈으로만 세상을 보는 부모의 자식이라면 아이는 아마도 무인도에 혼자 사는 것과 다르지 않다. 부모는 아이에게 끊임없이 최선을 다했다고 하지만 아이의 입장에서 부모의 최선은 자신을 전혀 존중해주지 않는 일방적인 최선이기 때문이다. 한쪽의 이기심만이 담긴 일방적인 최선은 결국 좋지 못한 결과를 가져올 뿐이다.

노는 것이 중요하다는 것은 부모들은 대부분 알고 있다. 하지만 아는 것과 실천하고 말하는 것은 다르다. 가슴은 놀게 하고 싶은데 머리로는 '공부해라'가 먼저 떠오른다. 머리에서 가슴까지는 25㎝에서 30㎝밖에 되지 않는데, 부모의 말은 이 거리를 일생을 가도 못 간다고 한다.

아이가 어리면 어릴수록 공부보다 소중한 것이 아이를 놀게 해 주는 것이다. 놀이를 또래 집단과 하면 주도성을 기를 수 있고, 형, 누나, 오빠, 언니 등 자신의 나이보다 높은 사람과 놀면 협력하는 법을 익힐 수 있고, 자신의 나이보다 어린 사람과 놀면 리더십을 배울 수 있다.

부모는 머리로 생각하는 "공부해라"라는 말을 끊임없이 하는 것보다 가슴으로 생각하는 말을 아이를 사랑하는 것만큼 하면 좋을 것이다. 물론 연습도 하고 의도적으로 다짐해야 가능한 것이다.

아이와 놀아주지 말고
함께 놀아야 한다

놀아주는 것과 함께 노는 것은 확연한 차이가 있다. 4차 산업혁명 시대가 도래하면서 시대적 인재상에 대한 담론도 다양하게 제기되고 있다. 그중 공통된 것은 융·복합 능력을 갖춘 인재, 소통하고 공감할 수 있는 인재, 창의적인 사고를 하는 인재상이 시대적 요구에 부응하는 인재상이라고 한다. 이러한 융·복합 능력, 소통하고 공감하는 능력, 창의적인 사고를 하는 능력은 이론적으로 배우기 어렵다. 이러한 능력은 놀이를 통해서 자연스럽게 습득되는 것이지 누군가 가르쳐서 배우게 할 수 있는 것은 아니다. 놀이는 규칙과 방법이 정해진 놀이 속으로 들어가서 함께할 때 비로소 경험이 되는 것이기 때문이다.

요즘 IT 기업에서 사무실 공간에 놀이와 소통을 할 수 있는 인지적 여백을 포함하도록 공간이 설계하고 운영되고 있는 것을 보면 창의성 발현은 놀이와 밀접한 관련이 있다는 것을 알 수 있다.

네덜란드 문화학자 요한 하위징아는 그의 저서 『호모 루덴스』[*]에서 '본래 인간은 놀이하는 존재다'라고 하면서 인간을 유희의 본능인 존재로 보았다.

이런 관점에서 보면 놀이는 부모가 아이에게 '이렇게 놀아라, 저렇게 놀아라'고 할 수 있는 것도 아니고 '누구와 놀아라'도 할 수 있는 것이 아니다.

아이들은 놀이를 통해 현실에서 겪을 수 있는 승리와 패배의 경험을 할 수 있으며 패배를 이겨낼 힘을 기를 수 있다. 또한, 아이들은 놀이를 하면서 세상에 나 혼자가 아니라 다른 사람과 더불어 살아간다는 것을 깨닫게 된다. 아이들의 놀이가 꼭 민속놀이나 전래놀이일 필요는 없다. 그때그때 상황을 놀이로 여기고 아이들이 즐거워한다면 그게 바로 놀이다.

이런 놀이를 의무적으로 놀아줄 것인지 아니면 함께 놀 것인지 생각해보아야 할 것이다. 그냥 놀아주면 적극적으로 놀아주지 못할 뿐만 아니라 즐겁지도 않다. 그러나 나이나 부모라는 직함을 떼고 아이와 함께 놀면 부모도 아이도 마냥 즐겁다.

초등학교 1학년 선생님이나 유치원 선생님을 우리 부모님들은 대단하다고 생각한다. "나는 한 명 보기도 힘 드는데 잠시도 가만있지 않는 아이들 20여 명을 어떻게 한 명 같이 움직이도록 하는지 혹

---

[*] 요한 하위징아(Johan Huizinga), 『호모 루덴스』, 연암서가, 2010.

시 마법이라도 부리냐"고 우스갯소리를 하기도 한다. 이는 놀아준다고 생각하기 때문에 불편하고 힘이 드는 것이다. 나는 한때 일곱 살 아이들과 아침마다 딱지치기를 한 적이 있다. 당연히 각자 딱지는 각자가 접어서 사용했다. 처음에는 엄마, 아빠가 딱지를 접어주었는데 나중에는 집이 아니라 어린이집에서 딱지가 없으니 스스로 딱지를 접었다. 궁하면 통하게 되어 있는 것이다. 점점 아이는 딱지가 넘어가지 않도록 납작하게 만드는 것도 스스로 터득을 하였다. 나는 아이들이 보란 듯이 딱지를 크기별로 줄지어 아이들이 가장 잘 보이는 곳에 두었다. 아이들에게 경쟁심을 부추기기 위해서였다.

아이와 논다는 부모 본 적이 없다

나는 30년 넘게 어린이집 교사와 원장을 역임했지만 단 한 명도 "아이와 어떻게 놀아야 하는지? 아이에게 어떤 놀이를 시키면 좋은지?"를 묻는 부모는 만나지 못했다. 다만 아직 초등학교도 안 간 아이들에게 "뭘 시키면 좋을지? 어떤 학원을 보내면 좋을지?"를 묻는 부모들은 많았다.

놀이는 아무리 강조해도 지나침이 없을 만큼 신체, 정서, 인지, 두뇌발달은 물론 사고력, 창의력, 문제해결력을 키우며 욕구충족, 스트레스 해소, 소통과 관계 맺기까지 가능한 중요한 육아 활동이다. 놀이는 학습으로 쓸모가 많다. 아이들은 놀이를 통해 이러한 요소들을 거부감 없이 쉽고 빠르게 배운다. 그럼에도 불구하고 부모들은 아이에게 학습을 집중적으로 시키겠다고 하면서 놀이를 시키겠다고는 하지 않는다.

흔히 우스갯소리로 공부 머리는 타고나는 것이라고 한다. 아이는 놀이를 통해 거부감 없이 쉽고 빠르게 배운다. 단지 놀았을 뿐인데 그사이 학습이 되고 있는 것이다. 내 경험으로 봤을 때 스스로 잘 놀 줄 아는 아이가 학습능력도 뛰어나고 매사 주도적이고 열정적이었다. 아마도 놀이는 아이가 세계를 탐색하는 가장 무리 없고 순조로운 방식으로 조기교육보다 반드시 우선되어야 한다. 그리고 무엇보다 '잘 노는 아이가 행복하다'. 나는 세상 부모들이 "내 아이를 어떻게 놀게 할까?"를 고민하는 부모들이 많아지기를 기대한다.

놀이에 대한
관점의 차이를 인정해라

관점(觀點)은 사전적 의미로 '무엇인가를 관찰하거나 고찰할 때, 그것을 바라보거나 판단하는 방향이나 생각하는 입장'이다.

어떤 사람이 한 말이나 행동이 나와 다르거나 내가 생각하는 범위 안에 있지 않으면 "틀렸어"라고 말하는데 이것은 틀린 것이 아니라 다른 것이다. 같은 세상이라도 보는 관점에 따라 다르다.

특히 부모의 관점에서 우리 아이들의 말이나 행동은 심하다 싶을 정도로 "아니야, 틀렸어, 고쳐야 해"라고 말할 때가 많다. 부모들은 아이를 키우는데 정답이 없다고 생각하고 아이의 생각이나 행동은 '틀림'이 아닌 '다름'으로 존중해야 한다. 사사건건 "틀렸어", "하지 마"라고 한다면 아이는 앞으로 나가지 못하고 자꾸 뒷걸음질하게 된다. 아이가 부모의 옷자락 뒤에 숨는 것도 눈 뜨고 볼 수 없는 것이 우리 부모면서 자신이 숨긴다는 생각은 하지 못한다.

한 초등학교 선생님이 수업 중 피사의 사탑 사진을 보여주며 "얘들아 이게 뭔지 아니?"라고 물었다. 학생들은 "피사의 사탑이요"라고 답했다. 그래서 선생님께서 다시 피사의 사탑이 왜 기울어졌는지[*] 물었더니 아무도 대답하지 않았다. 한 명의 학생을 지목해 답하게 했더니 "내가 안 그랬는데요"라고 답했다고 한다. 사실 이는 틀렸다고 보기 어려운, 정말 재미있는 관점의 대답이다. 아이의 관점에서는 충분히 나오는 상관이 없는 것으로 답할 수 있다. 그러나 정답을 말하길 원하는 어른이라면 아이에 이런 대답은 답답하게 느껴질 수 있다. 여기서 잊지 말아야 할 점은, 어떤 것

---

[*] 피사의 사탑(Torre di Pisa)은 피사의 성당 복합체 가운데 3번째이며 마지막 구조물로 1174년에 착공된 종탑이다. 높이는 58m로 설계되었고 흰 대리석으로 지어졌다. 건물의 기초부가 무른 땅속으로 기울어지게 가라앉는 것을 발견한 때는 이미 전체 8층 중 3층까지 완공되어 있었다. 책임 기술자였던 본나노 피사노는 기울어진 모양을 바로잡기 위해 새로 층을 올릴 때 기울어져 짧아진 쪽을 더 높게 만들었으나, 추가된 석재의 무게로 건물은 더욱 가라앉게 되었다. 기술자들이 해결방안을 찾으려고 몇 번씩 공사를 중단했으나 결국 14세기에 맨 꼭대기 층이 기울어진 채 완성되었다. 탑은 비잔틴 양식으로 1년에 약 1mm 정도씩 기울어져 5.5° 정도 기울어졌을 때, 이를 우려한 이탈리아 정부는 1990년에 대대적인 보강 공사로 기우는 쪽의 암반에 약 700톤에 달하는 납을 심어 두었다. 또한, 2000년까지 강철 로프로 원래의 모습으로 복원하려고 노력하였고 그 결과 약 40cm가 다시 돌아왔다. 탑의 둘레에 있던 도로도 똑같은 각도로 기울어져 있다. 이 탑은 독립적인 건설물이 아니라 근처에 있는 피사 대성당(두오모)의 끝 부분에 붙어 있는 것이다. 탑이 기울어진 가장 큰 이유는 꼭대기에 있는 종 때문이라는 말이 있다. 이 종의 무게가 총 6톤이 넘는데, 현재는 절대 움직이지 못하도록 T자형 철골로 고정해놓았다고 한다. 보강 공사 당시 관광객의 발길이 끊어졌다고 하는데, 아마 많은 이들이 본래의 모습이 가장 아름답고 가치가 있다고 생각한 듯하다.

을 두고 바라보는 관점마다 차이가 있다는 것을 인정하면 편해진다는 것이다.

　축구경기에서 패널티킥 상황이 되었을 때 골키퍼의 입장과 키커의 입장이 다른 것처럼 부모와 아이의 입장도 다르다. 부모는 골키퍼는 물론 키커의 입장에서 아이를 바라본다면 아이를 어떤 관점으로 바라봐야 할지 알 수 있다. 부모의 입장인 골키퍼로 자녀인 키커가 차는 공을 맞이한다면 과연 어떤 생각이 들까? 정상적이라면 꼭 막아야 하지만 자식이기 때문에 막지 않고 자식의 성공적인 삶을 도와주고 싶은 마음이 들 것이다.

　또한, 부모가 키커가 되어 자식인 골키퍼가 막고 있는 골문 안으로 한 치의 망설임도 없이 공을 차 넣을 수 있는 부모도 아마 드물 것이다. 이런 점에서 우리 부모는 키커가 되어서 골키퍼로 서 있는 자녀의 관점을 이해하는 것이 필요하다. 부모는 자꾸 아이의 영역으로 들어가서 일일이 지시하고 감독하려 하지만 아이는 철저하게 자신의 영역을 지키고 싶어 하기도 한다. 특히 아이들 자신이 꾸는 꿈은 더욱 부모가 결정해주는 것보다 자신이 결정하고 책임을 지게 해야 한다.

자식은 이미 세상에 태어났기 때문에 부모 마음에 안 든다고 다시 낳을 순 없다. 하지만 자식을 바꾸기 어렵다면 자식을 바라보는 관점을 바꾸면 된다. 관점은 사회학습 이론적 관점에서 각자의 노력 여하에 따라 바뀔 수 있는 것이며 무명천에 물감 번지듯 아이에게 스며들 수 있다. 물론 부모가 자식을 바라보는 관점을 바꾼다는 것은 이론상으로는 가능할지 몰라도 실제로는 말도 안 될 만큼 엄청난 노력이 필요하다. 하지만 이러한 노력으로 부모가 아이를 바라보는 관점만 바꾸면 아이의 인생이 달라질 수 있다는 것을 명심해야 한다.

아이는
어른을 모방한다

'제집에서 새는 바가지는 밖에서도 샌다'고 할 만큼 가정 내에서 부모의 말이나 행동이나 자녀를 대하는 태도는 매우 중요하다. 아이가 밖에서 하는 행동들은 모두 집에서 부모가 하는 것을 보고 듣고 배웠던 것들이기 때문이다.

> "아이들은 어른들의 말에 절대 귀 기울이는 법이 없지만
> 반드시 어른을 모방한다."
> - 제임스 볼드윈

그럼에도 불구하고 아이가 밖에 나가서 다른 사람들로부터 지탄을 받게 되면 그제야 "저 아이는 누굴 닮아서 그러는지 모르겠다, 저렇게 안 가르쳤는데 어디서 배웠는지 모르겠다"로 변명하기 바쁘

다. 누굴 닮았겠는가? 모두 부모를 닮았고 부모한테 배운 것이다.

아무리 시대가 바뀌어도 삼강오륜이 물구나무를 설 수는 없다. 가정교육이니 밥상머리 교육을 말하면 다른 아이들과 학습적으로 경쟁하기도 바쁜데 무슨 가정교육이고 밥상머리 교육이냐고 할지 몰라도 실제로 우선되어야 할 것은 가정의 사소한 것부터 출발하는 것이 마땅하다. 부모는 먼저 올바른 가치관을 가지고 행복하게 사는 것을 보여주어야 할 것이다. 나의 경험으로 예의 바른 아이들이 공부도 잘한다. 그럼에도 불구하고 우리 부모들은 "공부, 공부"만 강조한다. 심지어 부모가 하라는 대로 해서 무언가 성취를 하고 나면 이어서 또 다른 것을 하라고 한다. 그러면 아이는 비우지 않고 계속 채우기만 하다가 끝내는 터져버릴 것이다. 그러므로 어느 시점에는 비우고 또 다른 것을 채울 수 있도록 해야 한다.

연잎은 빗방울을 자신이 감당할 만한 무게만 싣고 있다가 그 이상이 되면 연못으로 비워 버린다고 한다. 비우지 않고 욕심대로 빗물을 받았다가는 잎이 찢어지거나 줄기가 꺾일 수 있다. 그러니 내 아이에게도 감당할 수 있는 교육을 때에 맞게 하는 것이 중요하다.

3부

아이의 꿈을 키우는
부모로 수선합니다

내 아이만의 꿈을 발견하는
부모로 수선하라

아이들에게 "공부는 왜 하니?"라고 물으면 많은 아이는 "부모님이 하라고 해서요"라고 하거나 "공부하고 나면 게임할 수 있어서요" 또는 "스마트폰 사준다고 해서요"라고 한다. 이 방법처럼 공부가 아이의 요구를 들어주기 위한 거래가 되어서는 안 된다. 무릇 공부는 아이가 당연히 해야 할 일을 하는 것이기 때문에 부모가 하라고 시키는 것도 아니지만 게임하게 해주거나 스마트폰을 사주는 등의 거래를 하는 것은 더더욱 해서는 안 된다. 이러한 거래는 마치 아이가 부모를 위해 공부하는 것밖에 되지 않는다.

아이의 본질은 변하지 않는다. 따라다니면서 공부하라고 재촉하지 말고 평범한 일상에서 아이와 끊임없이 질문하고 공감하면 아이의 가능성은 저절로 일깨워진다. 더불어 아이와의 관계도 때로는 친구같이, 연인같이 될 수 있을 것이다. 이러한 관계를 형성한 후

한 걸음 뒤에서 아이를 바라보다 보면 객관적인 시선을 갖게 되고, 그러면 자연스럽게 내 아이가 무엇을 잘하는지 또는 무엇을 좋아하는지를 알게 되고 아이의 잠재력을 발견하는 눈을 가지게 된다.

사라지는 직업과 새롭게 등장하는 직업

2022년 현재 대부분 진행되어 우리의 상상을 초월하는 모습으로 세상이 변화되었다. 그럼에도 불구하고 정작 부모 자신은 잘 아는 분야도 아니면서 아이들에게 과거에 또는 현재 유망한 직업에 대해 아이에게는 꿈꾸라고 말한다.

미국의 미래 세대를 위한 일종의 대안학교(Alternative school)라고 할 수 있는 알트스쿨(Alt school)*에서는 아이의 연령이 아닌 흥미와 특성을 고려하여 교육과정을 운영한다. 이 학교는 교사와 학생 그리고 학부모가 공유하는 플랫폼을 구축하여 개인 맞춤형 교육과정에 따라 아이를 프로젝트 수업방식으로 교육한다. 이처럼 지금과 전혀 다른 새로운 세상에서 살아갈 미래 세대를 위한 교육은 전통적인 학교 교육과정에서 개인 맞춤형 교육과정으로 변화되어야 하며 교육내용도 미래 역량 중심으로 구성되어야 할 것이다.

---

*　　알트스쿨(Alt school)은 페이스북 창업자인 저커버그(Zuckerberg) 등 여러 세계적인 기업가가 투자하고 있는 홈스쿨링과 학교를 결합한 작은 학교(Micro school)라고 볼 수 있다.

내 아이만의 장점을 발견하라

우리는 가정마다 문화가 다르고 부모마다 추구하는 가치관과 신념이 다름에도 아이의 교육 면에서는 다른 집 아이와 비교한다. 예를 들어 옆집 영수가 미술대회에서 대상을 받으면 내 아이 영미에게 "너도 미술학원을 몇 년이나 다녔는데 왜 작은 상도 못 받냐"고 한다. 미술학원을 영미가 원한 게 아니라 옆집 영수를 따라 덩달아 보내놓고 영미에게 좋은 결과를 바라는 것은 영미의 인격을 무시하는 것이다. 영미 엄마가 우선해야 할 것은 다그치는 것이 아니라 영미가 '무엇을 좋아하는지, 무엇을 하고 싶은지'를 아는 것이다.

내 아이는 누구보다 내가 잘 안다. 안 되는 것을 시키려고 하지 말고 내 아이가 좋아하는 것이나 잘하는 것을 시켜서 내 아이만의 꿈을 가지게 해야 할 것이다. 이를 위해 부모는 잠긴 물이 서서히 뜨거워져 죽어가는 존재인 줄 모르고 안주하는 개구리가 되지 말고 세상의 변화를 보는 눈을 기르고 민감하게 반응할 수 있어야 한다.

부모가 먼저
꿈을 꿔라

신이 부모에게 거울을 하나 선물로 주셨는데 그것이 바로 '자식'이라고 한다. 부모는 자식이라는 거울을 통해서 '자신을 바라보라고 주었다'고 한다.

부모는 아이의 마음에 그림을 그리는 사람이다. 흔히 아이와 꿈 이야기를 할 때 "너는 커서 무엇이 될 거야?"라고 한다. 이는 아이에게 꿈은 잘 포장해서 주는 것과 다를 바가 없는 것이다.

콩나물은 맹물만 줘도 잘 자란다. 콩나물에 물을 주면 어느새 다 빠져나가는데도 어느 날 보면 쑥 자라 있다. 아이들도 그와 마찬가지로 부모의 말 한 마디 한 마디가 자양분이 되고 행동 하나하나가 밑거름이 된다. 지금 이 순간에도 아이들은 자라고 있다.

아이가 어릴 때 유치원이나 학교에서 만들기를 해오면 부모의 눈에는 하잘것없어 보이지만 아이에게는 천하를 얻은 것이나 마찬가지다. 그러므로 아이가 하잘것없는 것을 만들어 왔어도 "정말 잘 만들었구나!"라고 말해주면 신이 나서 그다음 단계로 나아갈 수 있지만 "에게. 이게 뭐야"라고 반응하면 더 나은 방향으로 나아갈 에너지를 잃고 만다. 지금은 비록 하잘것없는 작품을 만들어 왔지만 언제 이 아이가 화가가 되고 예술적 재능을 발휘하여 세계적인 예술가가 될지는 아무도 모르는 일이다.

> "나만이 내 인생을 바꿀 수 있다.
> 아무도 날 대신해줄 수 없다."
>
> – 캐럴 버넷

부모는 아이의 꿈에 편승하기 위해 매달려 있지 말아야 한다. 그뿐만 아니라 나이 운운하지 말고 큰 꿈이든 작은 꿈이든 따지지 말고 지금이라도 부모가 먼저 자신의 꿈을 이루는 것을 보여준다면 아이도 반드시 자신이 미래를 살아갈 꿈을 이루어낼 것이다.

꿈은 돈 주고 살 수도, 대신해줄 수도 없다

『달러구트 꿈 백화점』*에서는 자신이 자는 동안에 일어났던 상황을 잠에서 깨면 아무것도 기억하지 못하지만 잠을 자는 동안 꿈에

---

* 이미예, 『달러구트 꿈 백화점』, 팩토리나인, 2020.

대한 대가로 잠에서 깨어났을 때의 기쁨이나 설렘, 행복감 등의 감정에 따라 가치를 인정받는다. 작곡가 손님은 음악에 대한 영감을 원했다. 그는 작곡하는 노래마다 망하고, 매일 밤을 새우며 살던 달러구트 꿈 백화점의 단골손님으로 영감을 구매하고자 한다. 그러나 달러구트는 머릿속을 정리해주는 '숙면'이 영감보다 중요할 때도 있다고 일깨워준다. 이후 작곡자는 달콤한 숙면을 통해 빛을 발휘하게 되는데 드디어 오랜 시간 고민하던 작곡을 해내게 된다.

영감이란 어느 한순간에 기적이나 복권처럼 툭 튀어나오는 것이 아니라 오랜 고민과 노력의 시간이 만들어낸 것이다. 이것을 부모와 아이와의 관계로 가지고 와보면 부모가 아이에게 "무슨 꿈을 꾸고 있니? 무슨 꿈을 꿀 것이니?"를 묻는 것보다 부모가 먼저 꿈을 가지고 자신의 삶에 집중하면서 원하는 꿈을 이루어가는 모습이 오히려 아이를 꿈꾸게 하는 것이다.

혹시 여러분 중에 자신이 못다 이룬 꿈을 아이에게 강요하고 있지는 않은지 점검해보기 바란다. 가끔 주위를 보면 부모 자신이 공부를 못했기에 좋은 직장을 가지지 못했다고 생각하고 자식은 공부를 잘해서 소위 말하는 '사'자 직업 가지기를 원하는 사람도 있다. 뿐만 아니라 부모가 원하는 꿈을 이루지 못해 한이 된다며 아이가 원하는 것이 무엇인지는 중요하지 않고 대신 꿈을 이루라고 하는 경우도 볼 수 있다. 그때 아이가 부모가 원하는 미래와 다른 삶을 살겠다고 말하면 "밥 빌어먹을 소리 한다"며 화를 내기도 한다. 만약 아이에게 이렇게 꿈을 강요한다면 어쩌면 아이는 부모에게 다시는 꿈 이야기를 하지 않을 수도 있을 것이다. 그래서 부모의 반응이 중요하다. 만약 아이가 "엄마 나는 커서 뭐가 되면 좋겠어?"라고 묻는다면 "엄마는 네가 되고 싶은 것을 하면 좋겠어, 너의 꿈이 무엇이든 엄마가 도와줄 테니 열심히 해봐"라고 하면 아이는 날개를 단 것 같이 좋아할 것이다.

아이의 꿈은 아이의 꿈대로 두고 부모의 꿈은 부모의 꿈으로 여겨야 할 것이다. 부모가 못다 이룬 꿈은 자식이 대신 이루어주길 바라지 말고 부모 자신이 지금이라도 시작하여 이루면 된다. 꿈은 다른 사람이 이루는 것보다 꿈에 갈증을 느끼는 자신이 이루는 것이 훨씬 더 효율적으로 빨리 이룰 수 있다. 절대로 자식에게 부모 자신의 꿈을 강요해서는 안 된다.

꿈은
아이의 신분증이다

꿈은 아이의 신분증이다. 아이들은 학생이 되면 자연스럽게 누구나 학생증이라는 신분증을 가진다. 하지만 꿈 신분증은 정해진 것이 없다. 취득 연령도 정해지지 않고 내용도 정해지지 않았다. 누구나 취득하는 것이지만 부모들 대부분은 아이들의 신분증은 까맣게 잊고 있다.

아이가 스스로 꿈이라는 신분증을 갖게 하라

우리 부모들은 자녀를 위해서라면 섶을 지고 천길 불 속으로라도 뛰어들 수 있을 정도다. 이러한 마음과 달리 부모 자신은 책 한 번 읽지 않으면서 아이한테 "책 읽어라, 공부해라" 소리를 입에 달고 있다.

「맹모삼천지교(孟母三遷之敎)」는 전한 시대 유향이 지은 『열녀전』에 실린 이야기로 중국 전국시대의 유교 사상가인 맹자(孟子)의 어머니가 교육을 위해 세 번 이사한 이야기로 맹자를 길러낸 맹모의 자녀교육 방법을 말하는 고사성어다. 『열녀전』에 따르면 맹자의 집은 원래 공동묘지 근처에 있었다. 때문에 어린 맹자는 자라오면서 평소 보았던 대로 상여 옮기는 흉내와 곡하는 시늉을 하며 놀았다. 맹자의 어머니인 맹모가 이를 보고 아이의 교육에 좋지 않다고 걱정하여 시장으로 이사를 가니 이번에는 맹자가 친구들과 상인 흉내만 내며 놀았다. 맹모는 이 역시 아이의 교육에 올바르지 않은 환경이라고 생각하여 공자를 모시는 문묘 근처로 이사를 갔다. 그러자 마침내 맹자가 관원들의 예절을 따라 하고 제례를 지내는 시늉을 하며 놀았으며 글월을 외는 공부에 관심을 가졌다. 맹자 어머니는 그제야 만족하여 그곳에 계속 거주하였으며 이후 맹자는 어머니의 맹모단기지교(孟母斷機之敎)의 가르침으로 대학자가 되었다.

이와 같이 교육에는 주위 환경이 중요하다. 그렇다고 강남 8학군으로 이사를 하라는 것도 아니고 남들이 좋다고 하는 학교에 입학시키기 위해 위장전입을 하라는 것도 아니다. 부모가 먼저 모범을 보여줄 수 있는 환경을 만들라는 것이다. 대화나 행동, 이웃과의 관계, 자기 일에 집중하는 것 등을 꾸밈이나 가식 없이 보여주고 가족과 함께하는 시간을 가지는 것이 중요한 환경이다.

남에게서 좋은 장점을 발견하고 자신의 신분증을 갖게 하라

우리는 많은 성공담을 듣지만 성공한 후에 과연 행복한지는 생각하지 않는다. 한 사람이 성공하기까지 수많은 과정이 있었을 것이다. 우리는 그 과정들은 쏙 빼놓고 외부의 표면적인 기준과 판단으로 위너와 루저를 판정한다. 하지만 눈에 보이는 성공 못지않게 과정에 대해서 아는 것이 중요하다. 성공한 사람들이 성공하게 되기까지의 과정에서 장점을 발견하고 그 장점을 자기화하면 꿈을 이루는 신분증을 가질 수 있다.

『사기』의 「이사열전」에 의하면 진시황 때 법치주의의 근간을 닦은 정치가 이사(李斯)는 '나는 새도 떨어뜨리는' 권력자였다고 한다. 그는 젊은 시절 초(楚)나라 상채(上蔡)라는 고을의 아전이었는데 어느 날 측간(화장실)에 갔다가 쥐가 더러운 것을 먹다가 사람을 보고 놀라 황급히 달아나는 것을 보았다. 또 한 번은 곳간(곡식창고)에 갔다가 쥐들은 들킬 염려도 적고 먹을거리도 많아 여유 있게 곡식을 축내고 있는 것을 보았다. 같은 쥐라고는 해도 측간 쥐는 오물을 먹고 곳간 쥐는 곡식을 먹는다. '사람의 현명함과 못남은 저들 쥐와 같이 잘나고 못난 것이 처지에 따라 달라지는 법이다'라고 여기고 벼슬을 내던지고 순경(荀卿, 순자)을 스승으로 모시고 천하를 다스리는 법을 배웠다. 그리고는 진나라로 가서 시황의 아버지 자초(子楚)를 왕위에 오르게 한 실력자 여불위(呂不韋)의 천거로 왕의 책사가 되었다. 이후 그는 성공을 위해 배신과 변절을 거듭했고 허리가 잘리는 형벌에 처하기 직전 죽음을 앞두고 자신이 가진 소망이 별거 아니었다는 것을 깨닫고 "내가 너와 누런 개를 끌고 고향인 상채 지역 동쪽 문으로 나가 토끼를 사냥하려고 했는데. 이제 할 수 없겠구나!"라고 아들에게 울며 말한다.* 인생무상에 대한 회한을 담고 있는 것으로 아들과 함께 보내는 소소한 일상이 행복이라는 것이다.

결국 부모에게 자식이란 함께하면서 서로 행복을 주는 존재다. 이런 행복을 많이 느끼고 오랫동안 유지하기 위해서는 아이가 다른 사람의 장점을 발견하고 이를 자신의 신분증으로 만들도록 해야 할 것이다.

『이솝우화』에 나오는 이야기 중 「시골 쥐와 도시 쥐」**에서 도시 쥐는 시골 쥐에게 놀러 갔다가 시골 쥐가 정성껏 차린 밥상에 눈살을 찌푸리며 도시 쥐의 집에 초대한다. 도시 쥐의 집에 간 시골 쥐는 온갖 음식이 가득한 식탁을 보고 눈이 휘둥그레졌다. 그런데 시골 쥐가 케이크를 한 입 먹으려는 순간, 쿵쾅쿵쾅 사람의 발소리가 들려서 구멍으로 숨었다. 사람이 사라지고 다시 식탁으로 가서 과자를 먹으려고 할 때 이번에는 커다란 고양이 그림자가 덮쳐 도망쳤다. 도시 쥐는 고양이가 갈 때까지 기다리자고 하였으나 시골 쥐는 보따리를 들고 시골로 가서 맘 편히 살 것이라고 떠났다. 시골

---

*   '동문견(東門犬) 또는 황견지탄(黃犬之嘆)'은 평생 쫓았던 성공 중독, 권력 무상에 대한 회한을 담고 있다. 이사가 죽음을 앞두고 가진 소망은 별거 아니라 '아들과 함께 보내는 소소한 일상'이라는 의미다.

**   우리에게는 '시골 쥐와 서울 쥐'로 알려져 있다.

쥐는 막상 도시 쥐 집을 방문해보니 화려한 삶과 맛있는 음식을 먹지만 사람이 들어오면 숨느라고 바빠 마음 편할 날이 없는 것을 보고 비록 가난해서 보리나 땅콩, 밀 같은 초라한 것들만 먹지만 날마다 무섭고 위험한 도시에서의 삶을 사는 것보다는 차라리 시골에서 평화롭고 조용하게 사는 것이 더 낫다고 여기고 다시 시골로 돌아갔다.

먹을 것은 좀 부실하지만 좋은 환경에서 사는 시골 쥐와 맛있는 음식과 화려한 서울에서 살고 있지만 불안한 환경에서 사는 도시 쥐 이야기는 환경이 아이교육에 어떤 영향을 미칠 수 있는지, 부모가 자식에게 꿈을 이루도록 하는 환경을 제공해야 하는지에 시사하는 바가 크다. 우리 부모들이 보기에 아이들이 물질적으로 풍족하고 남들이 생각하는 명예를 가지고 사는 것이 화려하게 보일지 모르지만 정신적으로 안정된 삶을 산다고는 볼 수 없다. 행복은 본인이 원하는 곳에 있는 것이다.

아이의 꿈에
신호등을 설치해라

시간 관리의 대가인 피터 드러커(Peter Ferdinand Drucker)는 인간의 70%는 자신이 무엇을 좋아하고 잘하는지 모르고 죽는다면서, 결국 위대함의 열쇠는 자신의 잠재력을 찾고 그것을 이루는 데 시간을 쓰는 것이라고 말했다. 이는 자칫 '꿈을 가졌을 때 자기계발을 하면 된다', '당장 뭘 잘하고 좋아하는지 모른다면 아무것도 안 해도 괜찮고 중학교나 고등학교에 갈 때쯤부터 꿈을 위해 구체적으로 실천해야 한다'고 오해할 수 있지만 사실 그런 의미의 말은 아니다.

실제로 중학교 3학년 아이가 자주 학교 교칙을 위반하여 지도하는 과정에서 "네가 원하는 대학에 가려면 이런 것에서 벌점을 받으면 안 된다"고 하였더니, 그 아이가 말하기를 "어차피 중학교 성적은 필요 없잖아요"라고 말했다. 처음 이 말을 들었을 때는 교사로서 어디서부터 어떻게 말해주어야 할지 몰라서 가슴이 먹먹했다. 이는 아이가 하나는 알고 둘은 모르는 것이다. 규칙을 지키는 습관이 먼저 체득되지 않으면 안 된다는 것을 모르는 것이다. 뿐만 아니라 이미 아이들의 머릿속에 성적이 대학을 선택하는 기준이라는 생각이 있기는 하지만 고등학교에 가서 공부하면 된다고 생각하고 있다. 그러나 성적이라는 것은 하루아침에 올릴 수 있는 것도 아니고 기초가 없으면 공부하는 방법을 몰라서 성적을 올릴 수가 없다. 그래서 성적을 올리기 위해서는 기초 다지는 것을 먼저 해야 한다.

아이가 꿈을 준비하는 시간을 갖게 하라

신호등은 초록불에 건너고, 빨간불엔 멈추고, 노란불은 다음 신호에 갈 준비를 하라는 의미가 있다. 우리 아이들도 이처럼 준비하고 갈 수 있어야 한다. 가다가 힘들면 쉬어가는 것이 필요하다. 마냥 꿈을 향해 가기만 하려면 끝을 모를 수 있기 때문이다. 아이가 자라서 직업을 갖지 못하고 집에서 빈둥거리면 부모는 속이 터져 죽는다. 대부분 부모는 아이가 어느 정도 자라서 말을 잘 듣지 않거나 "내게 해준 것이 뭐가 있냐?"고 하면 "네가 어릴 때 얼마나 최선을 다해 잘해줬는데 그런 말을 하냐"고 한다. 아이가 어릴 때 부모들은 먹는 것, 입히는 것에 온 힘을 다한다. 그러나 아이들은 그런 것들은 잘해준 것이 아니라 당연히 부모로서 해야 할 일을 한 것이라고 생각한다. 그렇기에 부모들은 아이들이 자라서 자신의 의견을 분명히 말할 때 비로소 아이들에게 쏟았던 사랑이 온전하지 못했다는 아쉬운 생각을 한다.

심리학에서 '타고난 천성보다 습관이 무려 10배나 힘이 세다'고 한다. 그리고 2019년 대한의사협회의 연구에 따르면 의사들의 직업 만족도는 불만족이 만족의 두 배 이상 높았다고 한다. 최고 엘리트 집단일지라도 그것이 자신의 재능과 맞아 떨어지지 않으면 만족하며 살지 않는다는 것이다. 세상 사람들 모두가 인정하는 안정된 직업보다 자신이 하고 싶은 일을 즐겁게 하는 것이 만족한 삶을 사는 것이다. 이를 위해서 지혜를 배우는 것과 쉬는 것을 적절히 잘해야 한다. 갈 때와 쉴 때, 아이는 생각할 수 있는 여유를 가져야 한다.

아이의 꿈을 실현하기 위해 먼저 해야 할 일

꿈을 실현하기 위해서 가장 먼저 해야 할 것은 '꿈을 정하는 것'이다. 비록 그 꿈이 얼마 지나지 않아서 바뀌어도 상관없다. 아이가 어떤 꿈을 가졌는지, 그 꿈을 실현하기 위해 어떻게 할 건지를 묻는 것이 선행되어야 한다.

큰 아이를 다섯 살 때부터 영어학원을 보냈더니 효과가 별로 없는 것 같아 둘째와 셋째는 아이가 원할 때 학원을 보내리라 생각하였다. 어느 날, 둘째 아이가 맨 앞장만 쓰고 방치되어 있던 여덟 칸 공책을 들고 와서 영어 발음기호를 적어 달라고 했고 흔쾌히 적어 주었다. 그러자 둘째는 'GAMI'를 적어와서는 "엄마 이거 개미 맞지?"라고 물었다. 순간 아이가 이렇게 배우길 원하는데, 학원을 보내지 않는 것이 맞는가 싶어서 아이에게 "너는 왜 영어를 배우고 싶니?"라고 물었다. 그랬더니 아이는 "하버드대학교에 가려고"라고 대답했다. "하버드대학은 왜 가니?"라고 물었더니 "판사가 되려고"라고 했다. 둘째는 어릴 때부터 말을 논리적으로 잘해서 어른들이 "너는 커서 판사 하면 되겠다"라고 한 말을 듣고 자신은 판사가 되기 위해 하버드대학교를 가야 하고 그곳에 가려면 공부를 잘해야 한다고 생각한 것이었다. 다섯 살 아이의 구체적인 로드맵에 나는 뒤통수를 한 대 세게 얻어맞은 기분이 들었다. 다섯 살이 뭘 알겠냐고 생각했는데, 꿈을 정하고 이를 진심으로 대하는 태도를 이미 갖추고 있었다. 그때부터 아이가 꿈을 꿀 때 그냥 우리가 알고 있는 직업을 말하는 것이 아니라 구체적으로 분야를 정하고 그 분야로 가기 위해서는 어떻게 해야 한다는 것까지 방법적인 부분까지 정해야 한다는 것을 알았다. 이후 판사에 대한 정보를 식탁 유리판 밑에 넣어두었다. 그랬더니 이 아이는 대학교에 갈 때까지 세 번 정도 현실적으로 꿈이 바뀌었지만, 중학교 1학년 때까지는 판사를 꿈꾸었다. 아이가 꿈을 꾸기 위해 먼저 해야 할 일은 꿈을 적어서 눈에 잘 띄는 곳에 붙여두는 것이다.

인내는 쓰고 열매는 달다

'인내'는 사전적으로 '괴로움이나 어려움을 참고 견디는 것'이다. 식물이 비바람을 맞으며 인고의 세월을 지나야 튼실한 열매를 맺는 것처럼 소중하고 가치 있는 것들은 참고 기다린 뒤에 보배로운 결실을 얻을 수 있다. 오랜 시간 발효를 시켜서 만든 빵은 풍미가 뛰어나고 소화도 잘된다. 김치, 된장, 치즈 등도 마찬가지다. 발효균이 활동할 수 있는 환경을 만들어주면 원재료가 가지고 있던 맛이 깊어지고 인체에 유익한 물질을 다량 함유하게 된다. 발효식품을 만드는 데 가장 중요한 재료는 바로, '인내'다. 기다림이 없이는 된장의 구수한 맛도, 치즈의 풍부한 고소함도 기대할 수 없다.

아이를 키울 때 80%는 기다림이라고 한다. 그러므로 우리 아이들이 꿈을 키우려 잘 성장하기 위해서 부모가 참고 기다리는 인내의 시간이 필요하다. 만약 아이가 도움을 요청하기 전에 부모가 조바심이 나서 대신해주면 아이는 압박감을 느끼고 포기해버린다. 그렇게 되면 아이는 자율성과 성취감을 느낄 기회를 잃게 된다.

작은 목표를 하나하나 이루어냈을 때 느끼는 성취감은 아이에게 무엇보다 값진 경험으로 쌓여 긍정의 힘을 발휘한다. 따라서 부모는 아이에게 무엇이든 다 해주고 싶은 슈퍼맨이 되겠다는 생각을 버리고 믿음을 갖고 지켜보며, 실수하더라도 용납하고 격려하는 인내가 필요하다.

끝없이 격려하고
꿈꾸도록 해라

피아니스트 백혜선은 1994년 차이콥스키 콩쿠르에서 한국 국적 최초로 3위에 입상하여 세계를 놀라게 했다. 그녀는 아이 때 칭찬에 자신감이 생겨 끝을 모르고 성장할 수 있었다고 말한다.

미국의 칭찬하는 사회가 그녀를 세계적인 피아니스트로 만든 자양분이 되었다. 백혜선은 지방에서 피아노 실력을 인정받아 서울예원중학교에 진학했다. 그녀는 좋지 않은 성적 때문에 학교에서 천덕꾸러기가 되었다. 시험을 치고 나서 선생님께서 교무실에 불러 "네가 반 평균을 다 까먹고 있는 것 알아, 몰라?"에 이어 "넌 도대체 IQ가 몇이냐? 아무래도 IQ 검사 다시 한번 받아봐야겠어"라며 나무랐다고 한다. 반면 1980년 미국 보스턴 월넛힐스쿨은 백혜선에게 열린 새로운 세상이었다. 한국에서 어렵기만 하던 수학 시간이 혜선에게 즐거운 시간이 되었다. 미국 고등학교 교과 수준이 우리나라의 초등학교 수준이어서 식은 죽 먹기였다. 수학 시간에 선생님이 학생들에게 'x+2y=4, 3x+2y=8'의 연립방정식 문제를 풀라고 하였는데 백혜선은 가장 먼저 손을 들고 다 풀었다고 말했다. 선생님께서는 "혜선, 벌써 다 풀었어?"라고 했고, 학급 전체 친구들은 일제히 혜선을 보면서 "우와"라고 하며 부러워했다.

백혜선은 "한국에서 공부를 저처럼 못하고 외국에 갔는데도 공부를 굉장히 잘하는 사람으로 인정을 받았고, 그 사회는 요만한 것을 이만한 것으로 칭찬을 많이 하는 사회여서 자신감이 생겼어요"라고 말했다.

"한 바가지 마중물은 윤활유 역할과 촉진제 역할을 하여
땅속 깊은 곳에 있는 물을 끌어올렸다."

우리는 격려를 말할 때 '마중물(Priming water)'을 빼놓지 않고 말한다. 마중물은 펌프에서 물이 나오지 않을 때 물을 끌어올리기 위해 위에서 붓는 한 바가지 물로, 땅속 깊은 곳에 있는 물을 끌어올릴 수 있도록 돕는다. 이 마중물을 부어서 물이 한 번 끌려오기

마중물을 사용해 물을 끌어올리는 모습

시작하면 더 이상 펌프질을 하지 않아도 계속 물은 뿜어져 나온다.

아이들에게도 부모의 한 바가지 마중물 같은 격려는 내면에 잠재된 잠재력을 발휘하게 하며 꿈을 향해 시원하게 달려나가는 촉진제가 될 수 있다.

말은 그냥 말이 아니라 독이 되는 말도 있고 돈이 되는 말도 있다. 말 한마디로 천 냥 빚도 갚는다는데 이왕 하는 말 듣기 좋게 한다면 내 입도 고와지고 상대도 좋아진다.

칭찬 한마디가 꿈을 이루게 한다

임용근(미국명: John Lim) 전 오리건주 상원의원은 중학교 때 영어선생님이 던진 칭찬 한마디가 추진력이 되어 미국 오리건주 상원의원에 오르게 되었다. 임용근은 초등학교까지 공부에는 취미가 없었다. 1948년 말 그 당시에는 중학교에 가려면 시험을 쳐야 했다. 정용근은 중학교 입시에서 낙방을 했다. 아버지께서 "네 반에서 몇 명이 떨어졌냐?"고 묻자 3명이 낙방하였는데 그중에 임용근이 포함되어 있었다. 아버지께서는 목소리를 높여 "네가 매일 원숭이처럼 철봉만 할 때 알아봤어!"라며 나무랐다. 그리고 엄마는 "남사스럽다"고 울먹였고, 아버지는 창피해서 얼굴 들고 다닐 수가 없다고 하면서 윽박질렀다. 결국 임용근은 보결로 1949년 여주중학교에 입학하게 되었다.

중학교에 입학하여 임용근을 부모님과는 다르게 대하는 사람이 있었다. 바로 영어선생님이셨는데, 선생님께서는 임용근의 영어노

트를 반 친구들이 잘 볼 수 있도록 들고 "임용근, 알파벳을 아주 또박또박 잘 썼어"라며 다른 친구들도 용근이가 해온 것처럼 해오라고 하면서 칭찬을 해주었다. 학생들한테 자신이 모범이 되었다는 이 한마디가 계속 영어를 잘해야 한다고 생각하게 되었다. 당시 동네에 주둔한 미군들은 임용근에게 미국에 대한 막연한 호기심을 불러일으켰는데 그 덕분에 때와 장소를 가리지 않고 영어 공부를 하게 되었다.

한번은 하교 시간에 친구에게 잠시 가방을 맡기고 화장실에 갔다. 하교 시간이라 다른 친구들이 지나가다가 용근이를 기다리고 있는 친구에게 "그기서 뭐하냐? 냄새나는데"라고 했다. 친구는 용근이가 화장실에서 오랫동안 나오지 않아서 "혼자 집에 간다"라고 하면서 불러도 대답도 없고 나오지 않아서 화장실 문을 벌컥 열었더니 용근이가 용변을 보면서 영어단어 외우는 것에 몰두해 있었다. 이 모습을 보고 친구는 "이 자식 진짜 미쳤나"라고 하였다.

그렇게 임용근은 중학교 때 영어선생님의 한마디 칭찬이 그를 1992년 오리건주 상원의원에 오르게 하였다. 칭찬 한마디가 결국 꿈을 이루게 하는 원동력인 것이다.

각자 성장 속도는 다르지만, 모든 아이는 매일매일 성장한다. 이러한 우리 아이들에게 건네는 작은 칭찬이 아이를 건강하게 자라도록 돕는 자양분이 될 수 있다.

정보력으로 무장하여
꿈을 응원해라

아이의 미래를 잘 디자인하려면 정보력으로 무장해야 한다. 우스 갯소리이기는 하지만 아이의 입시를 좌우하는 4가지 요소를 '할아 버지의 재력, 엄마의 정보력, 아이의 체력, 아빠의 무관심'이라고 한 다. 김소희의 『강남엄마의 정보력』*에는 '비싼 과외와 조기 교육도 똑똑한 엄마의 정보력을 이길 수 없다'고 하며 '1등 아이의 뒤에는 반드시 발 빠른 엄마가 있다'고 한다. 정보라는 것은 시시때때로 변 하는 것이므로 정보를 빨리 입수하는 것이 경쟁력이 되는 것이다.

하지만 정보는 정확해야 한다. 많은 부모들이 그저 '누가 그렇게 말하더라'의 '카더라 통신'에 더 많이 관심을 가진다. 이는 내가 애 써 찾지 않아도 주변에서 가볍게 들을 수 있게 때문이다. 그러나 이

* 　김소희, 『강남엄마의 정보력』, 북라이프, 2013.

는 매우 신중하고 민감하게 받아들여야 한다.

그러므로 정보는 무엇보다 먼저 새로운 접근과 넓은 시야로 받아들여야 한다. 새로운 접근은 한 번 알려진 방법으로 정보를 얻는 것은 많은 사람들이 알게 되어 그 효력이 떨어지기 때문이고, 넓은 시야를 가져야 하는 이유는 첫 번째 플랜이 좌절되었을 때 두 번째 플랜을 가동해야 하기 때문이다. 공부라는 것이 천재성을 가진 아이도 있지만 머리가 좋아서 조금만 노력해도 최상의 결과를 끌어내는 아이도 있다. 내 아이가 어떤 아이인가는 생각하지 않고 다른 집 아이가 그렇게 하므로 내 아이도 그렇게 하도록 한다면 그건 집 안에 수영장을 만들어 두고 그 안에서만 헤엄치게 하는 것과 다를 바가 없는 것이다. 엄마의 잘못된 정보력에 일침을 가하는 이야기가 있다.

1991년과 1994년 두 차례 '미국 최고의 의사(The Best Doctors in America)'에 뽑힌 세계적인 핵의학 전문가 김의신 박사는 미국 MD 앤더슨을 찾는 암 환자 중에 "이 세상에서 가장 치료하기 힘든 암 환자가 한국인"이라고 하였다. 그 이유는 한국인은 암 진단을 받으면 음식 등에 대하여 검증되지 않은 암에 대한 지식으로 무장되어 의사에게 맡기지 못하므로 암으로 죽기 전에 굶어서 죽는 것과 먼저 직장을 그만두고 하루 종일 암과 죽음에 대해 걱정을 하여 상태를 악화시키기 때문이라고 하였다.

이는 한국인의 특성은 잘못된 정보라도 좋을 것이라고 확신 또는 맹신하고 따른다는 것이고, 자식만 생각하는 부모들은 자식에게

득이 될 것으로 생각하면 어떤 정보라도 제공을 하려 한다. 하지만 부모가 자녀의 미래를 위한 정보를 어떻게 받아들이느냐에 따라 아이의 삶의 방향도 달라진다. 그러므로 정확한 정보를 발 빠르게 제공해야 부모의 노력이 헛되지 않고 아이가 자신의 꿈을 실현할 수 있을 것이다.

아이가 자신의 삶에
주인공이 되도록 지켜봐라

"어제와 똑같이 살면서

다른 미래를 기대하는 것은 정신병 초기 증상이다."

- 알베르트 아인슈타인

부모가 바라는 아이의 꿈과 아이가 원하는 꿈은 다르다. 아이가 원하는 꿈을 꾸게 하려면 학부모가 아니라 부모로서 아이의 꿈을 응원해야 한다. 학부모와 부모는 글자 하나 차이지만 아이에게는 수많은 차이가 있다. 늦은 시간까지 공부하고 있는 아이를 보고 부모는 피곤할 것이므로 측은하게 여기지만 학부모는 당연히 그렇게 열심히 공부해서 좋은 성적을 얻어야 한다고 생각한다.

공익광고 「교육과 청소년의 미래 – 부모와 학부모」에서는 학부모와 부모의 차이를 "부모는 멀리 보라하고 학부모는 앞만 보라고 합니다. 부모는 함께 가라고 하고 학부모는 앞서 가라고 합니다. 부모는 꿈을 꾸라고 하지만 학부모는 꿈꿀 시간을 주지 않습니다"라는 짧은 동영상에서 말해주면서 마지막에 "당신은 부모입니까? 학부모입니까?"를 묻는다. 부모는 아이가 살아갈 미래를 보게 한다는 것이고, 학부모는 당장 눈앞에 있는 성적을 본다는 의미다.

부모는 아이가 건강하게 자라기를 바라고, 학부모는 아이의 성적을 염려한다. 부모는 친구와 잘 지내라고 말하고, 학부모는 친구는 경쟁자이므로 앞서가라고 한다.

우리 부모들은 자녀의 꿈을 응원하기 위해 학부모가 아닌 부모가 되어야 할 것이다. 그 이유는 부모가 더 이상 학부모가 되지 않아야 우리 아이들이 행복하게 꿈을 꿀 수 있기 때문이다.

옆에서 지켜보며 아이의 꿈을 응원하는 부모가 되라

어릴 때 어른들로부터 "넌 커서 뭐가 되고 싶니?"라는 질문을 듣거나 말을 잘한다고 "은희는 변호사 되겠다"라는 말을 들었다. 어른들의 이러한 "넌 커서 뭐가 되고 싶니?"라는 질문은 어른들은 이미 아이들이 꿈을 가져야 하는 것을 알고 '꿈을 가져라'라고 강요하지 않고 돌려서 알려준 것이다. "변호사 되겠다"라는 말은 은희가 이미 변호사의 자질을 갖추고 있으므로 노력하라는 동기부여로 작용한다.

2010년 상영된 김태균 감독의 〈맨발의 꿈〉에서 감독은 아이들을 향해 "가난하게 산다고 꿈까지 가난한 것은 아니다"라고 한다. 경기에 지고 있는 아이들에게 감독은 "오늘 지더라도 다음에 이기면 돼, 이게 끝이 아니야"라고 말한다.

부모가 아이에게 물려주고 싶은 것은 '수저'의 색깔을 금색으로 물려주어서 고생하지 않고 살아가도록 하는 것이다. 하지만 아이에게 한 번이라도 금수저를 물려받는 것에 대해 물어보지 않는다. 아이가 원하는 것인지도 모르면서 부모는 혼자 금수저를 물려줄 것이라고 정해놓고 '내가 이렇게 금수저 물려줄 테니 너는 내가 시키는 대로만 하면 된다'고 한다. 이 방법은 잘못되어도 한참 잘못된 것이다. 꿈은 꾸는 사람은 자신이 분명한 목표의식을 가지고, 스스로 노력하고, 충분한 대가를 치러야 진정으로 꿈을 이룰 수 있다. 부모가 주는 것을 그대로 받기만 한다면 그것은 진정한 아이의 꿈이 되지 못하며 오히려 아이는 갈등이 생기기 마련이다.

정작 중요한 것은 아이가 자신 삶의 주인으로 살아갈 수 있도록 옆에서 지켜보는 것이다. 지켜만 봐줘도 아이는 힘을 얻어 자신의 방식대로 꿈을 꾸며 살아갈 수 있다. 만약 아이가 꾸는 꿈이 부모의 뜻과 다르더라도 옆에서 지켜보고 응원만 해줘도 아이는 자신이 원하는 것을 이룰 수 있다.

지혜로 무장하도록 아이의 꿈을 응원하라

부모는 '지식을 가져야 한다'고 하고 세상은 '지혜를 가져야 한다'고 한다. 그래서 아이들은 세상을 따르자니 부모가 울고 부모를 따르자니 세상을 살아가기가 너무 힘들다고 아우성이다.

세상은 결코 지식으로 살 수 없고 지혜로 살아야 한다. 지식은 굳이 머릿속에 넣어 놓지 않아도 컴퓨터 키보드 몇 개만 두드리거나 마우스 몇 번만 움직이면 금방 알 수 있다. 하지만 지혜는 살면서 경험하지 않으면 절대로 얻을 수 없다. 경험은 스스로 얻지 않으면 그 가치가 없다. 스스로 조금만 노력하면 경험이 되고 그 과정에서 실패를 하든 성공을 하든 지혜를 얻을 수 있다. 부모는 아이가 직접 지혜를 얻을 수 있는 경험이 헛된 시간이라고 여기고 아이들에게 시간을 주지 않은 채 부모가 시키는 대로 하면 된다고 한다. 어릴 때 스스로 도전하지 않으면 자라면서 점점 머물러 있게 된다. 이렇게 머물러 있으면 꿈을 이루기는 어렵다. 아이가 머물러 있는 이유는 당연히 아이의 능력이 부족해서가 아니라 지금까지 해보지 않았기 때문이다. 해보기도 전에 어려울 것이라 여기고, 지레 겁을 먹어 포기하고 시도조차 해보지 못한다.

아이가 지혜로 무장하고 꿈을 이루기 위해서는 무엇이든 도전을 해야 한다. 이러한 아이의 도전에는 부모의 적극적인 지지가 필요하다. 이를 제대로 아는 것이 아이의 꿈을 응원하는 것이다.

아이는 저마다
성장 메커니즘을 가지고 있다

삶의 질에 영향을 주는 다양한 조건들이 있는데 아이의 삶의 질에 밀접하게 영향을 미치는 조건 중에서 단연 으뜸은 '부모'다. 모든 부모는 아이들을 양육할 때 환경의 중요성은 익히 잘 알고 있으면서도 좋은 환경을 제공하려는 실천은 하지 않고 학교에서 받아오는 성적에 그 우선순위를 두고 있다. 그러나 부모들은 좋은 환경을 제공했다고 말한다. 부모들이 제공했다는 좋은 환경은 아이가 먹고 싶다는 것 먹이고, 명품 옷 사 입힌 것을 자랑삼아 말하는 것이다.

아이가 어리면 어릴수록 좋은 옷은 비싼 것이 아니라 쉽게 입고 벗을 수 있도록 쭉쭉 늘어나는 고무줄 바지에 스판이 잘 되는 면의 비율이 높은 옷이 최고다. 어린이집 원아 중 다섯 살 ○○이는 청바지를 즐겨 입었다. 여러 차례 부모님께 편한 옷을 입혀 달라고 말했지만 엄마가 워킹맘이어서 좋은 옷을 사주고 싶다고 했다. 어느 날

○○이가 화장실에 가서 바지를 내리기 위해 쇠로 된 지퍼를 내리다가 지퍼가 중간에 팬티와 성기에 걸렸다. 또 어느 날은 ○○이가 친구들과 놀다가 급하게 화장실을 가서 바지를 내리는 시간이 걸려 옷에 그만 실수를 하고 말았다. ○○이는 성기를 다치게 되어 겁에 질렸고 옷에 소변 실수를 하게 되므로 친구들에게 부끄러웠다.

음식 또한 인간은 어릴 때 먹었던 음식이나 부모가 직접 만들어 주어서 맛있었던 음식을 기억하게 된다. 그래서 나이가 들어 자신이 부모가 되면 '엄마가 끓여준 된장찌개, 김치찌개'라는 말을 하게 된다. 이렇게 아이는 저마다 성장 과정에서 부모로부터 주어지는 환경에서 메커니즘을 가지게 된다.

존 파피(Foppe, John P.)는 두 팔이 없는 몸으로 태어났다. 그는 바이올린이나 클라리넷을 연주할 수 없지만 인공 팔로 트롬본을 연주한다. 발가락으로 핫도그와 빵을 집거나 소다 캔을 딸 수 있다. 발가락으로 면도를 하고 머리도 빗었다. 발가락으로 집게를 잡아 프라이팬 위의 고기를 뒤집었고 열여섯 살에 또래 친구들처럼 자동차 운전면허를 땄고 왼발로 운전을 했다. 존은 보통 사람들이 겪는 것보다 훨씬 더 많은 위기와 도전을 매일 마주해야 했고, 그러면서 그만의 독특한 생각과 방식들을 만들어 내었다. 그는 자주 "Life is attitude(인생은 태도다)"라고 말한다. 우리가 어떻게 느끼고 생각하는지에 따라 우리의 행동이 결정된다는 것이다.

실패는 미래를 위한 투자다

부모가 원하고 노력한다고 해서 모든 아이가 그대로 성공을 하는 것은 아니다. 하지만 아이는 부모가 기다려주는 가운데 어떤 도전을 하다가 실패를 하면 이를 자신의 미래를 위한 투자라 생각하고 재도전할 용기를 가진다. 그렇지 않고 부모가 "시키는 대로 했으면 바로 성공할 텐데"라며 다그치면 아이는 마음이 조급해져서 다시 도전할 용기가 내지 못한다. 아이가 자신만의 메커니즘을 가지고 있음을 인정하고 삶의 근본을 가르치고 그것을 몸에 익힌 아이가 무한한 꿈을 향해 나아갈 수 있다.

삶의 근본은 가정마다 다른데 이것이 쉽게 전수되지 않는다. 그 이유는 우리 부모들의 기준이 항상 다른 사람이나 다른 집이기 때문이다. 나만의 것을 지키고 보전하는데 정신력이 부족한 것이다. 대부분 몇백 년 동안 전수되어온 ○○종가, ○○명문가를 정답으로 여긴다. 이미 세상에 알려진 것보다 우리 집만의 비법으로 아이가 꿈을 이루어 멋진 미래를 살아가게 하려면 아이가 다양한 경험을 할 수 있도록 해야 할 것이다. 다양한 경험을 하다 보면 창의적인 생각을 하게 되거나 열린 태도를 지니게 되는 장점도 있지만 '실패'라는 경험을 하게 된다. 실패는 결과일 뿐, 실패하게 된 프로세스를 점검하여 미래에 실패하지 않도록 하는 메커니즘이 구축된다. 실패 경험이 많은 사람은 어떤 문제 상황에 대처하는 매뉴얼이 단단하다. 이는 자산이 되어 다음에 실패를 거듭하지 않거나 큰 실패를 작은 실패로 만들 수 있다. 우리는 흔히 실패했을 때 트라우마로 남게 된다. 부모로 인한 트라우마는 아이를 자유롭게 세상 속에 뛰어들지 못하도록 하는 장애가 될 수 있다.

　이나미 원장은 『행복한 부모가 세상을 바꾼다』[*]에서 신화와 역사 속 모성 및 부성의 기원을 살펴보고 사회 환경의 변화를 통해 '좋은 부모 콤플렉스'가 왜 잘못되었는지 알아보는 노력을 해야 한다고 했다. 부모는 아이가 실패를 겪지 않고 꽃길만 걷기를 바란다. 하지만 실상 아이가 스스로 삶을 살아가기 위해서는 수많은 경험을 해서 성공이든 실패든 스스로 이겨낼 힘을 기르도록 부모가 격려해야 한다.

---

[*]　이나미, 『행복한 부모가 세상을 바꾼다』, 이랑, 2014.

만 가지 직업보다
한 가지 꿈을 갖게 하자

　그다지 옛날도 아닌데 아들이 어릴 때 빨래 널기를 시키기 위해 만들어낸 이론으로 "요즘 세상은 남자가 요리도 하고 빨래도 널어야 아내에게 밥 얻어먹는다"고 했다. 명색이 교사라는 사람이 이 얼마나 성인지 감수성이 떨어진 말을 했는지 모른다. 나중에 아이가 밥을 얻어먹든지, 공동으로 밥을 하든지, 아니면 사 먹든지, 그도 아니면 결혼을 하지 않고 혼자 밥을 해결할지도 모르면서 결혼을 한다는 전제하에 여자가 밥을 한다는 조건을 고정해놓았다. 물론 1990년대는 그러한 의식이 통하는 시대이긴 했지만 지금 와서 생각하면 쓸모없는 걱정을 한 것이다. 그래서 지금은 앞서 걱정을 하는 남편에게 자주 "걱정은 가불하지 마세요"라고 말한다.
　조우성 변호사는 인생 실전 교과서 같은 에세이 『한 개의 기쁨이 천 개의 슬픔을 이긴다』에서 '천 가지의 슬픔이 있어도 한 가지의 감동과 기쁨이 있다면 우리는 또 한 번 앞으로 발을 내디딜 수 있다'고 하였다.

대부분 부모는 미래에 대한 꿈을 꾸기도 전에 생계유지를 위한 수단으로 직업을 선택했고 자신과 잘 맞지 않더라도 어쩔 수 없이 그 일을 하고 있다. 그러나 우리 아이들에게는 부모와 같이 꿈을 가지고 그 꿈을 이루기 위한 노력을 한 번도 해보지 못한 길을 가라고 할 수 없다. 부모는 자신의 삶을 보며 자란 아이들에게 부모의 경험을 넘어서는 꿈을 설계하고 때로는 설계도를 수정하기도 하고 전체를 바꾸기도 하면서 아이가 끊임없이 나아가도록 해야 할 것이다.

꿈은 오롯이 자신이 꾸고 자신이 이뤄나가야 한다. 아이는 한 개의 꿈을 꾸고 싶은데 부모는 만 개의 꿈을 꾸라 하고, 아이는 나에게 꼭 맞는 꿈을 꾸고 싶은데 부모는 자신의 기준에 맞춰 놓은 꿈을 꾸라고 하면 아이는 혼란스러워서 방황만 할 것이다. 아이가 꿈을 가졌다면 그것만으로도 자식 농사 성공이라고 생각하고 부모의 기준대로 재단하지 말아야 한다.

세상을 많이 경험하게 해라

'세상은 아는 만큼 보인다'라는 말이 있다. 우리는 실제 생활에서

---

*   조우성, 『한 개의 기쁨이 천 개의 슬픔을 이긴다』, 서삼독, 2022.
        드라마 <이상한 변호사 우영우>에서 에피소드 일부 사용.

교과서대로 살지는 않는다. 실제로 교과서보다 경험을 통해 얻어지는 것들이 실생활에서 매우 유용한 기술일 때가 많다.

경험이란 자신이 실제로 해보거나 겪어본 것으로 그 안에서 얻는 지식이나 기능을 깨닫게 되는 것이다. 경력, 체험 등이 비슷한 의미가 있다. 이러한 경험은 각자의 노하우가 되고 자신만의 스토리를 빚어낸다.

중국 송나라에서 유래된 바에 의하면 배우기만 하고 세상 경험이 없는 사람을 일컬어 '백면서생(白面書生)'*이라고 한다. 이는 경험이 어떤 결정을 하거나 사람과 관계할 때 매우 유익한 아이디어를 제공해준다는 것을 말하는 것이다.

당장 부모가 아이들로부터 기쁨을 얻고 싶다면 성적을 올리게 하면 된다. 하지만 아이들이 앞으로 살아가는 데 필요한 것을 알려주고 성공한 삶을 살아가도록 하려면 경험을 하도록 해야 한다.

시대에 맞는 꿈을 선택하게 하라

아이들의 꿈은 되고 싶은 직업이 아닌 '하고 싶은 일'을 찾는 것

---

* 희고 고운 얼굴에 글만 읽는 사람을 이르는 말로 세상 일에 조금도 경험이 없는 사람을 이르는 말이다. 송나라의 문제가 북위를 정벌할 좋은 기회라고 생각하여 귀족들에게 의논하고 협조를 구하여 군사를 일으키려 하였다. 그때 교위 심경지가 귀족들이 주장하는 바를 못마땅하게 여겨서 반대하고 문제에게 아뢰기를 "밭일은 종에게 물어야 하고 길쌈질은 하녀에게 물어야 잘 알 수 있습니다. 북위를 징벌하고자 하시면서 나이가 어려 희고 고운 얼굴에 오지 글만 읽은 풋내기들과 그 일을 도모하신다면 어떻게 성공을 기약할 수 있겠습니까?"에서 유래되었다고 한다.

이다. 부모 세대에는 소위 말하는 '사' 자 직업이 되는 것이 가문의 영광이었고 자신이 사회적으로 폼 잡고 살 수 있는 것으로 여겼다. 그러나 요즘 아이들은 '사' 자 달린 직업이나 '공무원'을 크게 선호하지 않는다. 여전히 어려운 관문인 공부라는 것을 엉덩이가 아프도록 해서 '사' 자 달린 직업이나 '공무원'에 합격했더라도 자신이 하고 싶은 일이 아니라고 판단되면 바로 그만두고 쉬었다가 다른 직종에 도전하거나 아니면 창업 등 부모세대가 생각하지 않았던 방향으로 눈을 돌리는 경우를 종종 볼 수 있다.

자신이 원하는 꿈을 찾기 위해서는 자신만의 방법으로 꿈을 찾는 시간과 설계하는 정성이 필요하다. 공부를 잘하면 창의력이나 인간관계, 협업에 대한 마인드를 갖추는 노력과 시간을 투자해야 한다. 세상은 우리 아이가 어떤 꿈을 꾸고 있는지 모른다. 실상 부모도 부모 자신은 아이에 대해서 다 안다고 생각하는데 모르는 것이 더 많다. 그러므로 이 시대를 살아갈 우리 아이들이 시대에 맞는 꿈을 꿀 수 있도록 부모가 관심만 가지면 된다.

아이들이 꿈에 대해 처음부터 거창하고 완벽한 그림을 그리지 말고, 일상 속의 작은 실천과 연계해야 할 것이다. 일상에서 시작해야 한다고 강조하는 이유는 시대에 맞는 꿈을 선택해야 하기 때문이다.

아이에게
꿈꾸는 시간을 줘라

부모는 아이에게는 무조건적이기 때문에 몸도 마음도 언제나 앞서가고 있고 앞서야 한다고 생각한다. 앞서가면서 아이는 그냥 따라오기만 해도 된다고 생각하고 자꾸 손짓하여 부른다. 이렇게 아이가 부모의 그림자만 밟고 따라가기만 하면 나중에 아이 입장에서 '어쩌라고'가 된다.

가장 합리적인 관계는 아이는 앞으로 긴 거리를 뛰어야 하는 마라톤 선수고 부모는 결승선에서 기다리는 코치가 되는 것이다. 부모는 눈에 보이는 것마다 성에 차지 않아서 일일이 알려주고 싶고 대신해주고 싶어서 몸이 근질거려도 인내하고 참아야 한다. 어떤 일을 하다가 아이가 실패해도 그저 바라만 봐주면 되는데 우리 부모들은 그렇지 못하고 아이가 실패라도 하면 "이렇게 했으면 될 텐데"라든가 "다음에는 이렇게 해"라고 말한다. 실패는 '타산지석(他山

之石)[*] 삼는 도전의 한 과정이다. 다시 말해서 실패는 성공의 최종 큰 그림이 된다. 그러므로 부모들은 아이의 성공이든 실패든 앞서서 '나를 따르라'가 아니라 반걸음 정도 뒤에서 지켜봐 준다면 아이는 자신만의 방법으로 성공은 성공대로 다음에 더 높은 고지를 점령하려 할 것이고, 실패는 실패대로 이를 토대로 다음에 어떤 것을 행할 때 경험으로 반영할 것이다.

헤르만 헤세(Hermann Hesse)의 『데미안』^{**}에서 '알은 세계다. 태어나려는 자는 한 세계를 깨뜨려야 한다'고 말한다. 새가 날기 위해서는 껍데기를 깨고 나와야만 되듯 아이들이 스스로 무엇을 하려면 부모의 지시를 뛰어넘어야 한다.

'사이클로이드 곡선'이라는 것이 있다. 원을 한 직선 위에서 굴렸을 때, 원 위의 한 점이 그리는 곡선의 자취를 이르는 말이다. 이 곡선을 따라 움직이면 같은 위치에서 떨어진 물질이 중력만의 영향을 받으며 하강할 때 가장 빨리 떨어지게 된다. 그래서 사이클로이드 곡선을 '최단강하곡선'이라고도 부른다. 사이클로이드 곡선에서 가장 먼저 떨어지는 것은 가운데 선이다. 부모는 아이가 다른 아이보다 먼저 가게 하려고 또는 앞서가게 하려고 맨 위의 직선으로 뛰어가라고 하는데 뒤에서 채찍을 가해서 몰아치기보다 한 발자국 뒤에서 지켜보면서 때로 사잇길로 가더라도 이유가 있을 것이라고 믿

<hr>

[*] 남의 산에 있는 돌이라도 나의 옥을 다듬는 데 소용이 된다는 뜻으로, 다른 사람의 하찮은 언행 또는 허물과 실패까지도 자신을 수양하는 데 도움이 된다는 의미다.

^{**} 헤르만 헤세(Hermann Hesse), 『데미안』, 피셔, 1919.

어줘야 한다. 때로 강을 무모하게 건너고 힘들게 산을 넘어가더라도 응원하고 기다려줘야 한다. 그래야 아이는 다양한 경험을 하면서 그 안에서 얻어지는 지혜를 재산으로 삼고 자신의 삶을 살아갈 수 있을 것이다. 꼭 직선으로 뛰어가는 것이 앞서가는 것이 아니라 아이의 패턴대로 가야 성공하는 길을 가는 것이다. 아이가 자신만의 패턴을 만드는 데는 시간이 필요하다.

다시 도전하도록 기회를 줘라

초등학교 6학년인 은희는 영어에 관심이 많고 좋아한다. 그래서 여러 대회에 참가하면서 견문을 넓혔지만, 매번 자신의 노력에 비해 아쉬운 결과가 주어졌다. 그럴 때마다 은희 부모님께서는 "결과가 중요한 것이 아니라 참여하여 수많은 아이들과 어깨를 나란히 했다는 것이 중요해"라고 하셨다. 은희는 "부모님께서 만약 결과를 원했다면 나는 거기서 멈추었을 것이지만 참여한 것을 대단하게 생각해주셨기 때문에 저는 다시 도전하겠다는 의지가 생겼어요"라고 했다. 우리는 아이에게 자신감을 가질 수 있도록 하는 것이 채찍이 아니라 따뜻한 말 한마디라는 것을 알 수 있다.

우보만리(牛步萬里)는 소의 걸음은 느릴지언정 그 우직함이 한결같아서 언젠가는 목표를 이룰 수 있다. 우리 아이들의 현재 주소는 성적에 맞춰 대학에 입학하였으나 많은 학생이 전공을 바꾸고 싶어 하는 문제를 방지하고자 교육부는 2018년부터 중학교 1학년을 대상으로 '자유학년제'를 시행했다. 이 기간에 학생들은 토론이나 실습 위주의 참여형 수업과 직장 체험 활동 같은 진로 탐색 교육을 받는다고 한다. 하지만 대부분 학생은 이 기간에 자신의 꿈을 찾는 것은 여전히 어렵다고 한다. 진로는 말 그대로 아이가 어떤 직업이 맞는지 탐색하는 게 그 직업이 아이의 꿈과 직접 연결되지 않을 수 있기 때문이다.

"커서 뭐가 되고 싶니?"라는 질문을 받으면 어릴 때는 '가수', '축구선수', '의사', '판사', '외교관', '장관', '대통령'과 같은 멋진 직업을 선택해서 마음껏 말한다. 그러나 중학교에 진학하면 현실에 비추어 자신을 바라보고 좀 머뭇거리고 고등학교에 진학하면 그저 웃거나 입꼬리를 실룩이며 침묵하거나 "아직 잘 모르겠다"고 한다.

김미경 강사는 『드림온』에서 꿈은 '방향성의 관점에서 강한 동기로 실현되는 나다움'이다. 꿈을 이루어 간다는 것은 '나를 가장 나답게 키워가는 일'이라고 했다.

'나'와 '나다움'은 완전히 다른 것으로 '나'는 흰색 도화지이고 '나다움'은 도화지 위에 '나'가 그려놓은 그림이다. 즉 '나다움'은 축적되고 검증된 '나'다.

아이들이 노력한 결과는 빠르게 올 수도 있고 느리게 올 수도 있다는 것을 알고 아이가 결과를 얻기 위해 노력하는 시간을 준다면 자신을 믿고 결과를 만들어 내고 힘든 시간에 대한 보상도 스스로 받고 더 좋은 결과를 위한 다짐도 할 것이다.

4부

아이에게 기적을 주는
부모로 수선합니다

자아정체성을
확립하도록 도와라

자신의 자아를 지위에 너무 가까이 두어서,

그 지위가 떨어질 때 자아도 함께 내려앉는 일이 없도록 주의하라.

-콜린 루서 파월

　자아정체성(Ego-identity)은 근본적인 존재는 변함이 없다고 인식하는 것으로, 다른 사람과 관계를 맺으며 갖는 '나는 누구인가'에 대한 해답이다. 자아정체감은 자아 개념이 더욱 발달한 구체적인 의식으로, 자신의 독특성을 자각한 상태를 말한다. 이는 유아기의 자기에 대한 개념에서 발달하여 청소년기에 특히 중요하게 작용한다. 만약 이 자아정체성과 자아정체감이 제대로 확립하지 못한 채 성장한다면 대인관계, 역할, 목표, 가치 및 이념들에서 부적응 현상을 초래하게 된다.

에릭슨은 심리사회적 이론(Psy-chosocial theory)에서 의식적 자아와 성장에 대한 접근을 시도하였다. 인간은 요람에서 무덤까지 발달단계마다 초래하는 두 개념 중 긍정적인 쪽이 더 발달해야 다음 단계의 과제가 원만하게 진행된다. 이는 심리사회적 발달을 8단계로 유전된 성격의 기본 도안(Ground plan)이 점차 전개되어 나타나는 결과이다.

1단계는 '신뢰감 대 불신감'으로 만 0세에서 1세에 발달하는 것으로 신뢰는 자신을 돌봐주는 사람이 배고프거나 덥고 추울 때를 비롯해 기다리면 해결되고 충족시켜줄 것이라고 믿는 것이다. 이 시기 신체적으로나 심리적 욕구가 애정적으로 잘 충족되면 기본적인 신뢰감(Basic trust)이 형성되고, 충족되지 않으면 불신감(Basic mistrust)을 가진다.

2단계는 '자율감 대 수치심'으로 만1세에서 3세 경에 이루어진다. 이 시기 아이는 신경 근육과 언어발달 등 움직임이 자유로워지면서 모든 것을 스스로 하려고 하며 "내가 할래", "내 거야" 등의 말을 많이 한다. 이때 "흘리기 때문에 안 돼", "좀 더 크면 하려무나" 등은 자아정체성을 확립하는 데 조금도 도움이 되지 않는다. 그러므로 아이가 스스로 독립적으로 주변 환경과 상호작용하면서 의존했던 양육자에게 벗어나서 무엇이든지 도전해보고 자신의 행동을 자랑스럽게 여길 수 있도록 해주어야 한다. 이러한 자율성이 잘 자라지 않도록 과잉통제를 하면 수치심과 의혹이 생기게 된다.

3단계는 '주도성 대 죄의식'이다. 만3세에서 6세경에 언어와 근육의 발달은 적극적으로 주위세계에 도전하고 새로운 활동을 시도하고 실패를 스스로 처리할 수 있는 주도성을 발달시켜 간다. 이 시기에 아이들은 성적 관심보다는 놀이와 자신이 선택한 활동에 더 많은 관심이 있다고 주장함으로써 전통적인 정신분석적 사고에 이의를 제기한다. 이 단계를 성공적으로 극복하게 되면 아이는 목적의식을 갖게 되며 스스로 자기통제를 하는 주도성이 발전한다. 그렇지 않으면 목표 달성에 대한 의지와 용기가 부족하고 두려움 또는 죄의식과 표현의 자유를 방해하는 억제가 강하게 나타나게 된다.

4단계는 '근면성 대 열등감'으로 6세에서 12세다. 이 시기는 초등학교에서 공식적 교육을 통해 문화에 대한 기초 기능을 배우게 된다. 주요 과업은 인지적 호기심과 사회적 기술을 습득하고 근면성과 성취감을 숙달하는 것이다. 아이는 정해진 놀이 규칙에 따라 또래 아이들과 협동하고 어울릴 수 있는 능력과 연역적 추리, 자기통제 능력을 발전시켜야 한다. 아동이 어떤 과업을 완수하게 될 경우 주변 사람들의 강화가 뒤따르기 마련이며, 이는 근면성의 발달로 이어진다. 또래보다 열등하다고 느끼게 되면 학습 추구에 대한 용기를 잃고 부모나 교사가 요구한 과업을 성취할 수 있는 무능력이나 자신이 중요하지 않음을 지각하면서 열등감을 형성하게 된다.

5단계는 '정체감 대 역할혼미' 단계로 12세에서 20세경이다. 이 시기는 청소년기로 신체의 급격한 변화와 성적 성숙이 이루어지고 진학문제, 이성문제 등 사회적 역할의 선택과 결정을 하는 자아정체성이 발달한다. 자신이 어떠한 사람인가에 대해 끊임없는 자기질문을 통해, 즉 자신에 대한 통찰과 자아상을 찾기 위한 노력을 하게 된다. 남의 눈에 어떻게 보이는지에 대해 동일한 사람으로 지각될 경우 이 시기 자아정체성이 형성되지만 그렇지 않으면, 자신의 무가치함에 의한 성 역할에 혼란을 가져오고 인생관과 가치관의 확립에 심한 갈등을 일으킨다.

6단계는 '친밀감 대 고립감'의 단계로 20세에서 25세 경이다. 이 시기는 성인기가 시작되는 청년기로 가정, 성, 사회적 관계를 통하여 친밀감이 형성되는 시기다. 사회적으로나 성적으로 다른 사람과 융합시킬 수 있는 희생과 타협이 능력으로 상호의존성이 발달한다. 친밀감은 타인과의 이해와 공감을 나누는 수용에서 발달한다. 그러나 친밀감 형성이 미숙하면 대인관계에서 위축되고 형식적이면서 자기 자신에게만 몰두하고 고립감을 낳는다.

7단계는 '생산성 대 침체성 발달' 단계다. 25세에서 65세경으로, 자녀를 낳고 기르고 결혼을 시키는 시기다. 생산성에는 자녀를 출산하고 양육하는 것 이외에 학생, 동료 또는 친구를 보호하고 직업이나 여가활동에 참여함으로써 얻게 되는 창조성(Creativity)이 포함된다. 생산성을 통해 다음 세대를 양육하고 가르치며, 지도·감독하는 활동을 통하여 문화와 의식이 다음 세대로 연결하는 원동력을 형성한다. 이 시기에 부모로서뿐만 아니라 다음 세대와의 연결은 사회의 존속과 유지를 위한 생산성이다. 반대로 생산성을 획득하지 못하면 성격이 침체되어 자신의 에너지와 기술이 자기만족을 위해 사용하게 된다. 이렇게 되면 목표를 달성하지 못했다는 무능력감과 사회에 의미 있게 기여하지 못했다는 회의로 인해 침체를 느끼게 되고, 자신의 삶이 잘못된 것이라는 위기의식을 겪게 된다.

8단계는 '자아통합감 대 절망감'의 단계로 65세 이후다. 이 시기는 성숙기 노년기로 신체적 쇠약, 배우자 또는 가까운 사람들의 죽음으로 자아통합감과 절망감을 갖게 된다. 자신의 과거를 돌아보며 자신이 지금까지 살아온 인생을 별다른 후회 없이 그대로 받아들이게 되면 자아통합감을 느낀다. 반면 자신의 과거를 돌아보며 자신이 한 모든 것에 대해, 훌륭한 과업에서부터 수치스러울 정도의 큰 실수까지 자기 자신을 인정하고 수용할 줄 알지만 자아통합감이 결손되면 절망감에 빠지게 된다.

결국 에릭슨의 주장은 수용을 하면 인간은 성숙해지고 자아가 발달하게 되는 기쁨을 느낄 수 있지만 자아정체성을 제대로 확립하지 못하면 부적응 현상이 나타나므로 학교생활이나 사회생활에서 어떠한 상황이나 또래관계 등으로 문제가 발생할 때 제대로 대처하는 능력이 부족하게 된다는 것이다. 특히 5단계까지는 부모가 제대로 역할을 해주어야 한다.

삶은 속도가 아니라 방향이다

　여러분은 에베레스트 산에 오르기 위해 시계와 나침반 둘 중 하나만 가지고 갈 수 있다고 하면 무엇을 가지고 가겠는가? 아이의 인생이라는 긴 여정에서 부모가 시계를 선택해서 속도전으로 몰아붙이느냐, 나침반을 선택해서 속도는 느려도 방향을 선택하느냐에 따라 아이의 삶 전체가 달라질 수 있다. 시계는 타의에 예속되지 않으며 시간을 자유롭게 사용할 수 있는 것을 드러내는 무의식적 상징이며 시간을 마음대로 통제할 수 있다. 반면 나침반은 남쪽 아니면 북쪽 그도 아니면 동쪽 아니면 서쪽 등 단 두 방향만 알려주는 의식적 상징이다.

　부모의 눈에는 자식이 일흔 살이 되어도 자식이기 때문에 마냥 어리게 보이기 마련이다. 정말로 자식을 사랑한다면 자아정체성을 길러주어 스스로 삶을 꾸려 나갈 수 있도록 해줘야 할 것이다. 우선은 아이들이 하는 행동이나 언어들이 부족함만 보여서 안쓰러운 마음에 대신해주고 싶지만 그러면 나중에 아이는 자아정체성에 혼란을 겪게 될 것이고 부모는 후회할 일이 생긴다. 그러므로 나중에 후회하지 않으려면 아이가 어떤 일도 스스로 시도해볼 수 있도록 해주고 잘 됐을 때 성취감을 느낄 수 있도록 격려해 주고 앞으로도 도전하고자 하는 욕구도 생길 수 있도록 해야 한다. 혹시 잘못되었다 하더라도 좌절을 경험하고 성숙하는 기회를 가지게 해주어야 한다.

아이의 자아존중감을
길러라

자아존중감(Self-esteem)은 긍정적인 자기수용 및 미래상 형성과 자기존중감 및 자기탄력성 형성이다. 아이에게 자기 존중감과 자기 탄력성 형성을 위해 부모는 아이의 자기존중감을 이해하고 중요성을 알고 향상하기 위한 노력을 해야 한다. "네가 해볼 수 있겠니?", "너는 잘할 수 있을 거야" 등 스스로 어떤 일을 시도해볼 기회를 제공하고, 이 과정에서 격려와 아이가 필요로 해서 도움을 청하면 구체적으로 이야기한 후 도와야 한다. 결과가 성공적이면 다음에 높은 수준의 과업에 도전할 수 있도록 격려해주고 부정적인 결과가 발생해도 다른 방법으로 도전할 수 있도록 격려해준다. 자아존중감은 자기 자신이 사랑받는 소중한 존재이고 성과를 이루어낼 만한 유능한 사람이라고 믿는 마음으로 미국의 의사이자 철학자인 제임스가 1890년대에 처음으로 사용한 말이다. 자아존중감은 객관적이고 중립적인 판단이라기보다는 주관적인 느낌이다. 자신을 객관화하는 것은 자아존중감을 느끼는 기본이다.

프로이트에 따르면 자아(Ego)는 성격을 실행하는 기능을 수행하며 기억 속에 남아 있는 과거의 사건과 현재의 행위 및 미래의 행동에 지속성과 항상성을 부여한다. 이러한 발달된 자아는 특히 위협, 질병 및 생활환경의 변화 등으로 인해 전 생애에 걸쳐 변화할 수 있다. 신체 개념은 자신의 초기 경험이 중심이 되지만 자아는 성격이나 신체와 공존하는 것은 아니다.

자아존중감은 행복한 삶을 이끄는 열쇠다

자아존중감은 빠르게 형성될수록 좋다. 그 이유는 평생을 좌우하기 때문이다. 자아존중감은 8세 이전에 약 80%가 형성되는 것으로 부죽과 같다고 한다. 부죽은 대나무의 일종으로 대나무는 뿌리가 넓게 퍼져 있기 때문에 가늘고 곧게 아무리 높이 올라가도 비바람에 부러지지 않는다. 마찬가지로 우리 아이들이 어릴 때 높은 자아존중감을 형성하면 평생 행복한 삶을 살아갈 수 있다.

자아존중감이 높은 사람은 자기 자신의 감정을 있는 그대로 받아들일 줄 알며 자기의 의견에 대한 자신감도 있다. 그러므로 부모는 자신이 부모로서 장점을 인식하고 자녀에게는 자녀로서 장점을 인식할 수 있도록 도와주겠다는 생각을 해야 한다.

자신에 대해 생각하고 느끼는 방식은 자기 인생 전체를 통해서 영향을 미친다. 자아존중감이 높은 사람은 미지의 것을 환영하고 두려워하지 않는다. 즉 다가오지 않는 날의 걱정을 미리 하지 않는다. 그리고 자아존중감이 높은 아이는 자기가 가치 있는 사람이라고 느끼면 현실적인 삶에서 부딪히게 되는 여러 어려움을 기꺼이 슬기롭게 극복할 수 있으며, 자신의 불안전하고 좀 부족한 것도 받아들이고 실수를 통해서 배울 수 있다고 생각한다.

자아존중감은 가정에서부터 이루어져야 한다. 1차적으로 가족은 구성원들은 말을 통해서 서로가 얼마나 가치가 있는가에 대해 끊임없이 서로 이야기를 해주게 된다. 가정의 분위기가 자아존중감을 높여주기도 하고 혹은 낮춰준다는 사실을 가족 구성원 모두가 생각해야 한다.

가족이 서로 사랑하고 소중하게 여기고 있다는 표시를 해주고, 말이나 행동으로 사람마다 다르다는 것을 인정하는 분위기가 자아존중감을 높이는 것이다. 예를 들어 첫째 아이와 둘째 아이는 성격 등 여러 면에서 다르다. 그러나 부모는 같은 부모가 낳았는데 달라도 너무 다르다고 하소연할 것이 아니라 다른 것을 비교하지 말고 인정해주면 된다. 그리고 어떤 문제라도 터놓고 대화할 수 있는 분위기가 중요하다. 격려해줄 만한 일이 있으면 기꺼이 격려하고 축하해주고 부추겨주는 일들이 자아존중감을 높여주는 것이다.

흔히 부모들은 "자식을 칭찬할 일이 얼마나 있느냐?"고 묻곤 한다. 이와 같이 칭찬할 것이 없다는 것은 부모가 아이에게 너무 큰 것을 기대하고 있기 때문이다. 사실상 오늘 학교에 건강하게 잘 갔다 온 것도 아이가 수행해야 할 일을 다 한 것이기 때문에 칭찬할 일이다. 아이들은 부모에게 큰 것을 기대하지 않는다. 그러므로 공부든 세상 살아가는 일이든 실수해도 괜찮다는 점을 인정해주면 아이는 항상 부모님께서 자신을 도와주고 있다고 믿고 훨씬 더 여유 있고 자신만만하게 행동할 수 있다.

경쟁은 자아존중감과 내적동기를 무너뜨린다

우리나라 중·고등학교에서는 절대평가보다 상대평가가 더 많다. 상대평가는 변별력이라는 이름으로 학생들 간의 순위를 정해 서열화해놓은 것이다. 상대평가에 우선하면 학생 개개인의 배움보다는 수량화된 점수와 순위가 강조되므로 자연적으로 성적으로 경쟁이 부추겨진다. 경쟁은 아이들이 자신을 유능하다고 생각하기가 어려워서 내적 동기를 무너뜨리고 오히려 내적 갈등을 심화시킨다.

한국은 PISA에서 최상위를 지키고 있지만 한국의 학생들은 PISA에 참여하는 다른 모든 나라의 학생들보다 불행하다 느끼며 심각하게 자발적인 동기가 무너져있다. 이에 반해 핀란드의 부모들은 자녀의 학업에 개입할 수 없는데 그 이유는 학생들의 학업에 대한 평가가 교사의 수업내용과 학생들 개개인의 배움을 근거로 이루어지기 때문이라고 한다. 반면 우리나라 교육은 성적순으로 공부를 '잘한다, 못한다'로 평가받기 때문에 '성과'와 '경쟁'을 하도록 하는 시스템이다. 이러한 제도를 부모가 바꾸지 못한다면 최소한 내 가정에서만이라도 아이를 경쟁으로 몰아가지 말아야 할 것이다.

누구나 한 번쯤은 들어본 「토끼와 거북이」 이야기 속 토끼와 거북이의 경주는 누가 봐도 말도 안 된다. 그런데도 거북이는 경주를 하겠다고 한 것은 이기고 지는 것이 문제가 아니라 자기 자신을 믿는 자아존중감이 높기 때문일 수 있다.

아이의 내적 동기를 격려하여 자아존중감을 높이려면 부모의 자아존중감이 매우 중요하므로 부모가 먼저 자기 자신에 대해 좋은 느낌을 가져야 한다. 부모 자신의 자존감을 위해 부모 자신의 목표에 관심을 가지고 자기 일에 몰입할 수 있어야 하고 친구도 있어야 한다. 만약 부모가 자녀에게만 매달린다면 부모는 자아존중감을 가질 수가 없다.

자아존중감을 높이려면 자기효능감을 높여야 한다

아이들의 자존감을 높이기 위해서는 자기효능감 향상이 동반되어야 한다. 자기효능감은 자기존중감과 비슷하지만 그 의미에서는 약간의 차이가 있다. '자기효능감'이란 어떤 상황에서 자신이 적절하게 대처함으로써 문제를 해결할 수 있다고 믿는 기대감을 말한다. 캐나다의 심리학자 앨버트 반두라(Albert Bandura)는 '나도 할 수 있는 것'이라고 확신하는 감정을 '자기효능감'이라고 했다. '나는 이만큼 할 수 있다'라는 생각이 다음 행동을 유발한다는 것이다. 자기효능감이 충분한 사람은 "그래, 해보자"라며 긍정적으로 생각하는 것이 가능하지만, 자기효능감이 부족한 사람은 "나로서는 무리야"라는 부정적인 생각을 하며 더는 행동하지 않는다. 자기효능감은 개인의 존재 가치보다는 개인의 능력에 대한 믿음과 판단이라는 점에서 자아존중감과는 구별되는 것이다. 하지만 자기효능감의 상승은 곧 자존감의 향상으로 이어진다는 점에서 매우 중요하다. 자기효능감이 높은 사람은 곧 자존감이 높은 사람이라고 할 수 있다. 자존감이 향상되면 자신감이 생기고 나아가 성공으로 이어지는 길에 탄력이 붙기 마련이다. 결국 성공이 빠른 사람은 성실하게 성공 경험을 축적함으로써 긍정적인 자신을 형성하고 이로 인해 더 큰 도전을 이루어낼 수 있는 사람이라 할 수 있다. 그렇다면 '나도 할 수 있다'라는 생각이 들게 하기 위해서는 어떻게 하면 좋을까? '반두라'는 자기효능감의 구성요소로 수행 행동의 달성, 대리적 달성, 사회적 설득, 생리적·정서적 고양의 4가지 원천을 꼽았다.

'수행행동의 달성'은 스스로 행동해서 성취하는 경험을 말하는 것으로 중요한 것은 처음부터 너무 큰 목표를 잡으면 안 된다. 처음부터 너무 큰 목표를 잡으면 실패할 가능성이 있고, 실패하고 나면 도전 자체에 비관적인 생각이 들 수 있기 때문이다. 처음에는 실천 가능한 목표를 세우고 이를 하나둘씩 수행하면서 도전에 성공하는 쾌감을 느끼는 것이 중요하다. 목표를 세우는 것에 있어서 굳이 과제 자체를 바꾸지 않고도 실천 가능한 목표를 세울 수 있다. 예를 들어 영어단어를 한꺼번에 100개 외우는 것은 어려운 목표지만 한번에 10개 외우는 것을 목표로 한다든가 또는 하루에 5개씩 20일

동안 외우는 것을 목표로 할 수도 있다. 그러면 처음 목표인 한꺼번에 100개의 영어단어를 외우는 것과는 달리 이 정도 목표라면 왠지 '할 수 있을 것 같다'라는 생각이 들기도 하고, 매일 5개의 단어를 외우고 난 성취감이 쌓여갈 수도 있다. 이처럼 같은 과업이라도 생각을 조금만 달리하면 불가능해 보이는 목표라도 가능한 목표로 바뀌게 되어 성취 또는 성공하는 경험을 느끼며 자기효능감을 향상할 수 있다.

'대리적 달성'은 타인의 성취 경험을 관찰한 뒤에 '나도 할 수 있다'라는 생각을 하는 것으로 '롤 모델(Role model)'을 선정하는 것이다. 롤 모델을 정할 때 자신의 주변에 있거나 자신과 비슷한 위치에 있는 사람으로 정하는 것이 좋다. 자신과 너무 동떨어진 위치에 있는 사람을 롤 모델로 정하면 괴리감만 커지는 부작용이 생길 수 있기 때문이다.

'사회적 설득'은 "너는 충분한 능력이 있어"라며 주변의 격려를 받는 것이다. 가족이나 가까운 사람들의 격려는 자기효능감을 향상하는 데 큰 도움이 되기 때문에 자신을 지지해줄 수 있고 동기와 의욕을 고취시킬 수 있는 사람을 곁에 두는 것이 좋다. 특히 부모의 격려는 아이에게 최고의 자기효능감을 향상시키는 원천이다. 다만 유의할 점은 이 방법만으로는 자기효능감이 유지되지 않는다.

'생리적·정서적 고양'은 생리적·정서적 난제를 극복함으로써 자기효능감이 강해지는 것을 말한다. 스트레스 상황은 긴장, 초조, 떨림, 피고, 통증, 속 불편감을 유발한다. 이런 반응들을 자신이 자각하고 극복하는 것이 자기효능감을 크게 상승시킬 수 있다. 예를 들어 또래들 앞에서 과제발표를 해야 하는 상황, 불안과 긴장감을 유발하는 상황, 얼굴 홍조, 가슴 두근거림, 어지러움, 속 불편감 등 생리적으로 여러 가지 변화가 발생한다. 이때 일어나는 생리적 변화를 개인의 능력과 무관한 것으로 판단하고 그 상황을 효과적으로 잘 대처한다면 자기효능감이 크게 향상될 수 있다.

자기효능감이 높은 사람은 다소 어려운 과제에 대해서 쉽게 포기하지 않고 더 많은 노력을 기울인다. 만약 실패해도 그 원인을 노력이나 능력의 부족으로 생각하기보다 외부 상황으로 생각하는 경우가 많으므로 좌절감이나 죄책감이 덜하고 '어떻게 하면 다음에는 성공할 수 있을까?'라고 생각한다. 반면 자기효능감이 낮은 사람은 다소 어려운 과제에 대해서 쉽게 포기하거나 애초에 도전하지 않으려는 성향이 있으며 원하는 결과를 얻지 못했을 때 그 원인을 자신의 능력이나 노력의 부족으로 생각하는 경우가 많다. 그러므로 '어떻게 하면 다음에는 성공할 수 있을까?'라는 생각보다는 좌절감이나 죄책감에 빠지게 된다.

우리 아이들이 성공적인 삶을 살아가기 위해서는 자존감이 향상되어야 하고, 자존감을 향상하려면 '할 수 있다'라는 생각으로 도전하고 성공 경험을 축적해야 한다.

매슬로우 '자아실현'에
성공한 사람의 심리적 특징

❶ 현실 중심적이다. 거짓, 가짜, 사기, 허위, 부정 등을 진실로부터 구별하는
   능력이 있다.

❷ 문제해결력이 강하다. 어려움과 역경을 문제해결 기회로 삼는다.

❸ 수단과 목적을 구분한다. 목적으로 수단을 정당화하지 않고, 수단이 목적
   자체가 될 수도 있다고 생각한다. 즉 과정이 결과보다 더 중요할 수 있다
   는 자세를 가진다.

❹ 사생활을 즐긴다. 종종 혼자 있는 시간에 더 편안함을 느낀다.

❺ 환경과 문화에 영향을 받지 않는다. 주위 환경에 의해 쉽게 변하지 않고
   자신의 경험과 판단에 더 의존한다.

❻ 사회적인 압력에 굴하지 않는다. 항상 사회에 순응하며 살지 않고 겉으로
   는 평범해 보이지만 속으로는 반사회적이거나 부적응자의 심리가 있다.

❼ 민주적 가치 중시한다. 인종, 문화, 개인의 다양성에 열린 자세를 취한다.

❽ 인간적이다. 사회적 관심이나 동정심의 등의 인간미를 지닌다.

❾ 인간관계를 깊이 한다. 다양한 사람들과 피상적인 관계를 맺기보다 가족
   이나 소수 친구와 깊은 관계를 유지하는 것을 선호한다.

⑩ 공격적이지 않은 유머를 즐긴다. 자신 또는 타인을 비웃거나 조롱, 모욕하는 듯한 유머는 삼간다.

⑪ 자신과 남을 그대로 받아들인다. 남들이 자신을 바라보는 시선이나 태도에 연연하지 않고 자신을 있는 그대로 바라보며, 남을 가르치거나 바꾸려 하지 않고 자신에게 해가 되지 않는 한 있는 그대로 본다.

⑫ 자연스러움과 간결함을 즐긴다. 인공적으로 꾸미는 것보다 있는 그대로 자연스럽게 표현하는 것을 더 좋아한다.

⑬ 풍부한 감성이 있다. 주변 사물을 평범한 것도 놀라움으로 바라본다.

⑭ 창의적이다. 창의적이고 독창적이며 발명가적 기질이 있다.

⑮ 초월적인 것을 경험하려 한다. 경험의 정점에 다다르기를 좋아하고(학문, 종교, 철학, 스포츠 등) 경험의 순간이 최고조에 달했을 때 초월적인 기쁨과 자유를 느낀다. 그리고 이 경험이 머릿속에 남아 계속 그 경험을 쌓으려고 노력한다.

협업하는 아이로
길러라

미래를 살아갈 우리 아이들은 개인의 재능을 가지고 협력이 아닌 협업을 해야 한다. 협력은 플랫폼이나 시스템에 속해서 그들에게 내 능력을 제공하고 정해진 보수를 받는 것이고, 협업은 각자가 독립적으로 존재하면서 유사한 영역과 상호작용하거나 연대하고 보수는 내가 제공한 몫만큼 가져오는 것이다. 즉 협력은 같은 조직에 속해서 일하는 것이고, 협업은 같은 조직에 속한 사람과 함께 일하는 것이 아니라 조직과 관계없이 새로운 사람들과 헤쳐 모여 성과를 창출하는 것이다. 협업을 하기 위해서는 오롯이 나 자신이 잘하는 특기를 가지고 있어야 한다.

전 세계가 부러워하는 교육을 하는 핀란드는 '지원'과 '협력'에 역점을 두고 있다. 핀란드 아이들은 한 학생도 빠짐없이 교사의 관심과 존중을 받으며, 친구들과 즐겁게 어울리고 협력하여 높은 학업성취뿐만 아니라 행복한 학교생활을 영위하고 있다는 평가를 받고 있다.

세계적인 미래학자 앨빈 토플러(Alvin Toffler)의 『제3의 물결』[*]에서 제3 물결의 문명을 구축해나가기 위해서는 의미와 구조와 공동체가 전제조건이 되어야 한다. 제2의 물결의 문명은 각 요소로 분해하는 능력을 중시한 반면 다시 통합하는 능력은 별로 중요시되지 않았다. 오늘날은 새로운 통합의 시대에 직면하고 있다. 그뿐만 아니라 미래의 조직은 계급의 격차를 평균화하고, 이원적·다원적 조직, 일시적 결합에 의한 자동조절조직의 특성을 지닌다.

예전에는 4년제 대학을 졸업하면 평생 먹고 살았지만 지금 우리 아이들은 상황이 완전히 달라졌다. 블루칼라, 화이트칼라를 넘어 뉴칼라[**] 시대, 뉴노멀 시대를 협업하며 살아갈 수 있도록 자기만의 스토리를 가지고 스스로를 자주 업그레이드해야 한다.

---

[*]   앨빈 토플러, 『제3의 물결』, 범우사, 1999.

[**]   학력과 상관없이 기술 수준이 중요하며 직업 훈련을 통해 기술을 익히게 될 직업군(AI, Bigdata, IoT(사물인터넷), 로봇, 가상현실 등)을 말한다.

협업하는 아이로 키워라

내 아이를 협업하는 아이로 키우려면 부모가 먼저 우리 아이들이 살아갈 미래 시대를 알아야 한다. '우리 아이들이 과연 어떤 시대를 살아가게 될까?'에 대해 진정으로 고민해본 적이 있는지 손들어보라고 하고 싶다. 왜냐하면 나 역시 그러지 못하고 그저 당장 눈앞에 보이는 것으로 아이들을 몰아쳤다고 생각하기 때문이다. 지금와서 생각하면 내 아이들에게 나는 교육자의 자식답게 살기를 강요했던 것 같다. 아이들의 또래와 발맞추어 가면서 웃고 떠들고 뛰고걷고 하라고 하기보다 부모의 체면을 지키라고 말이다. 그러면서다른 부모들에게는 시대 운운하고 아이들에게는 미래를 알아야 한다고 강조했다. 그래서 우리 아이들은 협업보다 협력하는 것을 잘한다. 다시 내가 아이를 낳아서 키운다면 제대로 협업하는 아이로키울 자신이 있다.

> "실력이 없을 때 인맥은 방해 요소다."
>
> - 신영준

『내 아이의 첫 미래교육: 디지털 금수저를 물려줘라』[***]의 저자 임지은은 "우리 아이들은 어떤 세상을 살게 될까? 지금 상황으로 우

[***]　임지은, 『내 아이의 첫 미래교육: 디지털 금수저를 물려줘라』, 미디어숲, 2021.

리 아이들은 가장 개별적이고 자기만의 스토리가 길이 되는 시대를 살아가게 될 것이다. 뿐만 아니라 양극화는 더욱 심해질 것이고 뉴노멀(New normal) 시대에 발맞추어 스스로를 빠르게 업그레이드해야 하는 시대를 살아가게 될 것"이라고 하면서 디지털 뉴노멀은 '인공지능(AI)과 경쟁할 수 있는 인간으로서의 고유한 힘, 즉 자기다움을 가져야 한다', '변화무쌍한 디지털 환경에 도태되지 않도록 평생 배움을 즐겨야 한다', '남들과 시너지를 낼 수 있는 인간성, 즉 함께 할 줄 아는 사람이 되어야 한다', '남보다 잘하기보다 남과 다르게 생각하는 힘을 길러야 한다', '가르침에 의존하지 않고 스스로 해결하는 문제해결력이다', '디지털 기기와 소통할 수 있는 코딩 역량과 이를 이해하기 위한 디지털 해독능력(Digital Literacy)을 갖춰야 한다'의 6가지가 이 시대의 '부모력'이라고 했다.

테아 싱어 스피처는 『협업의 시대』*에서 '혼자서 잘할 수 있지만, 많은 것을 할 수 없고 멀리 갈 수 없다. 개인의 능력이나 역할에 맞는 업무 배분을 통해 함께 갈 수 있고, 가까운 미래를 그리며, 현재에 집중할 수 있다'고 하면서 협업의 산실로 꼽히는 실리콘 밸리 구성원들의 특징을 세 가지로 꼽았다.

첫째, 탐정과 같다. 의심의 여지가 없던 기존 관습이 특정 상황에서 효율성을 저해할 때 이에 끈질기게 의문을 제기하며 결국 어떻게든 끝을 보고야 만다. 둘째, 의견이 일치하지 않는 상황에서도 자

---

* 테아 싱어 스피처(Spitzer, Thea Singer), 『협업의 시대(Collaboration)』, 보라빛소, 2019.

신의 견해를 솔직하게 밝힐 수 있는 진정한 의사소통을 꿈꾼다. 셋째, 기업의 전반적인 목표와 그들이 참여하는 프로젝트가 그 목표에 어떻게 이바지하는지 알고 있다. 협업은 성과나 결과를 더 많이 더 크게 창출할 수 있다는 것이다.

'디지털 네이티브'라는 용어를 처음으로 사용한 미래교육학자 마크 프렌스키도 『미래의 교육을 설계한다』[**]에서 우리가 해야 할 앞으로의 교육은 아이들 자신이 실제로 느끼고 경험하는 세상의 문제를 아이들 자신이 해결하기 위해 함께할 그룹을 만들고 해결 방안을 찾기 위해 학습하고 터득한 방법을 적용하고 실행하여 지금 당장 더 나은 세상을 만들어나가는 것이다. 아이들은 그 과정을 통해 창의적으로 생각하고 다양하게 연구하며, 자신의 잠재력을 일깨우고, 새로운 능력을 계발하고 서로 협력하여 세상을 바꾸는 역량을 갖춘 시민으로 성장·발전해나간다. 이 하나의 프로젝트를 수행하기 위해 다양한 사람이 참여해 함께하는 것이 협업이다.

협업하는 아이로 키우는 방법은 간단하게 아이를 친구들과 어울려 노는 경험을 많이 하도록 지원해주고 틀림이 아닌 다름을 인정할 수 있도록 하는 것이다.

[**] 마크 프렌스키(Marc Prensky), 『미래의 교육을 설계한다』, 한문화, 2018.

아이의
사회적 능력을 길러라

사회적 능력은 흔히 '사회성'으로 일컫는다. 학술적 정의는 '사회적 성숙, 타인과 원만하게 상호작용하는 능력, 다양한 사람과 긍정적인 관계를 형성하는 능력'이다. 인간은 사회적 동물이기 때문에 사회성은 인간이 살아가는 데 매우 중요한 요소다. 사회적으로 살아가기 위한 능력으로는 공감, 의사소통, 갈등해결이 필요하다. 이러한 사회적 능력은 혼자서는 길러지지 않는다. 그리고 사회적 능력은 혼자 있을 때는 필요하지 않고 다른 사람과 함께하면서 상황에 맞는 언어나 행동 그리고 태도가 요구되는 것이다.

로저스(Rogers)는 그의 저서 『내담자 중심의 치료』에서 사회성이란 일반적으로 사회가 요구하는 규범과 역할에 적응하는 능력으로, 긍정적인 자아상의 확립을 위해 환경과 성공적인 상호 작용이 필요하다. 따라서 특정한 사회 집단 내에서 대인 관계는 그 사람의 인성 발달에 결정적인 영향을 미치며, 한 사회 집단의 성격, 구조, 집단 성원의 인간관계도 사회성에 의해 좌우된다.

성취감과 자신감을 길러줘라

사회성 발달에 어려움이 있는 아이는 사회적 행동을 자연스럽게 습득하는 것이 어렵다. 사회성을 가장 자연스럽게 증진할 수 있는 것이 놀이라고 한다. 놀이를 하는 동안 아이들은 구체적으로 사회성이 길러진다는 생각을 하지는 않는다. 다만 친구들과 재미있는 놀이를 함께하면서 어울리는 즐거움을 알고 서로 갈등 상황을 풀어가면서 사회성을 기르는 것이다. 사회성은 학습이나 훈련, 혼자의 노력으로는 만들고 성장시킬 수 없는 영역의 역량이다.

1920년 인도의 콜카타 근처에서 늑대무리와 함께 생활하던 두 소녀가 발견되었다. 인간 사회에서 자라지 않고 늑대굴에서 자라 늑대의 습성을 가진 어린아이들로, 7~8세 정도로 추정되는 두 소녀는 그 이후 '카말라'와 '아말라'라는 이름을 지어준 뒤 인간과 같이 생활할 수 있게 교육했다. 하지만 자매는 여전히 늑대처럼 걸어 다니고 이상한 소리를 질러대며 밝은 곳을 싫어해 어두운 곳으로 숨어들었다. 카말라와 아말라는 늑대와 함께 생활한 탓에 인간 사회에 적응하는 데 큰 어려움을 겪었다. 손 대신 입으로 음식을 먹었고 급할 때는 팔다리를 이용해 달렸으며, 옷이나 목욕을 싫어하는 등 동물적인 행동에서 벗어나지 못하였다. 언어 습득은 생활 습관을 형성하는 기간보다 더 긴 시간이 걸렸는데, 동생 아말라는 두 달쯤 걸려서 '물'이라는 말을 배웠고, 언니 카말라는 3년이 걸려서야 자신을 보살펴 주던 부인을 보고 '마'라고 부를 수 있었다.

인간은 인간 사회 속에서 태어나고 성장하면서 사회적 존재로 살아간다. 사회적 존재로 잘살아가기 위해서는 집단 속에서 사람들과 관계를 잘하는 성취감을 느끼고 새로운 규칙을 익히고, 친구를 사귀고, 경쟁에서 자신 있게 나아갈 힘이 있어야 한다.

사회성을 기르기 위해서는 아이가 또래 집단이나 사회 집단에 뛰어들어야 하는데, 부모의 모습에서 자신 있게 소속되는지 아닌지가 결정된다. 결국 집단에 소속될 수 있어야 사회성이 길러지고 소속되기 위해서는 아이에게 자신감이라는 것이 필요하다. '부모가 매일 싸우는 모습을 본 아이가 다른 집단에 자신 있게 참여할 수 있을까? 아니면 부모가 행복한 집의 아이가 다른 집단에 자신 있게 참여할 수 있을까?'를 생각해보면 모두가 후자라고 말할 것이다. 부모는 자신이 모르는 것을 가르칠 수는 없지만 있는 그대로 행복한 모습만 보여주어도 아이는 자신 있게 세상 속으로 뛰어들 수 있다.

앨버트 반두라는 사회학습이론을 증명하기 위해 '보보인형 실험(Bobo doll experiment)'을 하였다.

실험은 A와 B 두 개의 방에 보보인형을 각각 놓아둔다. 어린아이들을 두 그룹으로 나누고 한 그룹은 A방을 볼 수 있도록 하고, 다른 한 그룹은 B방을 볼 수 있도록 준비한다. A방으로 들어간 성인은 방 안에 있는 보보인형을 발로 마구 차고 때리는 등 폭력적인 행동을 하고, B방으로 들어간 성인은 방 안에 있는 보보인형을 쓰다듬고 안아주고 예뻐해준다. 아이들이 방 안에 들어간 성인의 행동을 모두 관찰한 뒤 한 명씩 똑같은 방으로 들어가게 하고 아이들의 행동을 확인한다.

출처: 〈EBS 다큐프라임〉, '아이의 사생활' 편(http://youtu.be/m7snpTMu100)

　결과는 당연히 폭력적인 모습을 보여준 A방을 관찰한 아이들은 모델의 행동을 관찰하기만 해도 보보인형에게 폭력적인 모습을 보이는 비율이 높게 나타났다. 반대로 친절한 모습의 B방을 관찰한 아이들은 보보인형에게 친절한 모습을 보이는 비율이 높게 나타났다. 이러한 결과는 인간은 동물과 달리 다른 사람의 행동을 보고 모방하는 사회적 동물이라는 사실을 시사한다.

아이의
공감능력을 길러라

공감능력은 타인에 대한 이해, 공감, 존중, 수용, 배려행동이다. 이러한 능력을 길러주기 위해 부모는 자녀 이해 및 공감, 감정을 조절할 수 있도록 코칭해야 한다. 이러한 공감은 마음의 문을 여는 성공의 열쇠이며 행복한 관계를 유지하는 출발선이다.

'자동차의 왕'으로 불리는 헨리 포드(Henry Ford)는 어린 시절 어머니가 위독해서 멀리 떨어진 이웃 도시에 말을 타고 달려갔지만 어머니는 결국 돌아가시고 말았다. 이때 헨리 포드는 '말보다 빠른 것을 만들어내고 말겠다'는 결심을 하게 되었다고 한다. 포드는 어릴 때 농장일이나 학교 공부에 관심을 보이지 않고 온갖 잡동사니를 늘어놓고 멀쩡한 시계를 분해하였다고 한다. 그런 아들을 아버지는 이해하지 않았지만 어머니는 기계에 대한 재능이 있는 아들에게 글 읽는 법을 가르쳐주고 아들이 재능을 발휘할 수 있도록 뒷받

침해주었다고 한다.

포드는 16세기에 발명왕 에디슨의 공장에서 기계공으로 일하기 시작하였다. 당시 아무도 관심을 갖지 않고 있던 휘발유를 동력으로 움직이는 내연기관에 포드 혼자서만 관심을 보였는데 주변에서는 모두 비웃거나 만류하였지만 에디슨만은 "자네! 듣던 대로 똑똑한 사람이군! 자네 생각대로 만들어 보게!"라고 했다고 한다. 헨리 포드는 에디슨의 이 말에 할 수 있다는 확신을 가지고 13년 동안 노력한 결과 자동차 엔진을 만들었다.

이와 같이 헨리 포드가 세계적인 영향력을 지닌 것은 부모가 하라고 해서 한 것이 아니라 자발적으로 어머니의 죽음에 대한 연민을 느끼고 도전하였기 때문에 가능했다. 만약 부모가 "이렇게 해라, 저렇게 해라"고 했다면 불가능하였을 것이다. 부모가 어떤 일을 하라고 하면 아이는 적극적으로 도전하지도 않고 부모도 과정에서 이랬다저랬다 했기 때문에 오히려 아이와 관계만 깨졌을 것이다. 오직 자신이 목표를 이룰 수 있다는 믿음과 존경하는 에디슨의 응원이 기적을 만든 원동력일 것이다.

우리 부모들도 에디슨처럼 옆에서 응원의 메시지만 보내준다면 포드가 어머니가 돌아가시게 된 것이 빨리 달리는 교통수단이 없었기 때문이라는 공감대를 형성하고 자동차를 만드는 기적을 이룰 수 있을 것이다.

좋은 부모의 첫걸음은 아이들의 감정을 읽는 것이다

좋은 부모의 첫걸음은 아이들의 감정을 읽는 것으로부터 시작한다. 우리는 아이를 잉태하는 순간부터 배 안에 잘 있는지 확인한다. 움직임이 조금만 크면 "엄마 목소리가 커서 놀랐지 미안해" 등을 하고 태어나서도 까꿍 하면서 좋은 감정을 갖게 한다. 그러나 아이가 점점 자라면서 자아가 생기고 자기주장을 하게 되면 아이의 감정은 무시하고 부모 자신의 감정을 주장하는 경우가 많다. 이보다 아이들이 자신의 감정을 충분히 표현하도록 해야 아이가 다른 사람의 감정도 이해하면서 공감하고 타인과 자신을 존중하고 배려하는 마음을 가질 수 있다. "내 마음은 이래"라고 자신의 정서를 인식하고 적절하게 표현할 수 있도록 해주며 "나는 이래서 그랬어"라고 상황에 따라 자신의 감정을 인지하고 이에 따른 원하는 바를 표현할 수 있게 해야 할 것이다. 그리고 "너도 그런 거구나"라고 상대방의 상황에 대해 어떤 감정일지를 추측하고 적절하게 공감을 할 수 있도록 해야 한다. 그리고 실제 생활하면서 어떤 상황에서 상대방의 입장에 대해 충분히 공감을 표현할 수 있도록 지지를 해주면 아이는 공감능력이 길러진다.

'패트리샤 무어'는 "공감은 자신의 관심사가 모든 관심사가 아니며, 자신의 필요사항이 다른 모든 사람의 필요 사항이 아니라는 사실을 끊임없이 깨닫는 것이다. 나는 공감이 최대한 충만하게 살기 위한 방식, 끊임없이 발전하는 방식이라고 본다. 공감은 당신이 스스로 가두어 놓은 울타리를 열어젖히고 나가 새로운 체험을 하게 만들기 때문이다"고 말했다.

부모가 아이에게 보내는 공감은 아이들에게 새로운 세상을 열어 주는 것이다.

아이의
의사소통 능력을 길러라

　소통은 막히지 않고 잘 통하는 것 또는 뜻이 통하여 서로 오해가
없는 것이고, 의사소통(Communication)은 사람과 사람, 사람과 기계,
기계와 기계 사이에 이루어지는 정보의 이전 과정으로, 좁은 의미
로는 사람과 사람 사이의 정보, 의사, 감정이 교환되는 것을 말한다.
의사소통 능력은 경청 및 자기주장 훈련, 대화의 중요성 및 의사소
통 기술 획득으로 사회 전반에 필요하므로 평소 가정에서 아이와의
의사소통의 중요성을 알고 부모와 아이만의 내부적인 의사소통이
아닌 대외적인 의사소통을 할 수 있도록 해야 할 것이다.

아이와의 의사소통 짐작하지 말고 물어보라

　사회 집단이든 가정이든 모든 조직은 의사소통으로 움직인다고

볼 수 있을 만큼 의사소통은 매우 중요한 것이다. 그중에서도 부모·자식 간의 의사소통은 서로 잘못 이해하는 경우가 종종 있다. 이는 가까운 사이이기 때문에 별다른 생각 없이 '그럴 것이다'라고 생각하는 데서 빚어진 결과다.

부모·자식 간에 원활한 소통이 이루어지기 위해서는 부모는 부모대로 아이는 아이대로 부단한 노력을 해야 할 것이다. 부모·자식 간이기 때문에 아무런 노력도 하지 않는다면 좋은 소통을 하기는 어렵다. 특히 음성언어로 소통하려면 더욱 그러하다. 언어는 우리 가정만의 사고방식이나 문화, 신념 등 고유한 특성이 담겨있다. 이러한 우리 집만의 것들은 익숙해서 자칫 생략하는 것들이 많아 부정적인 감정이 드러날 수가 있다. 그러나 아무리 가까운 관계라고 하지만 생략되는 것들에 대해서는 부모·자식 서로가 이해하지 못하고 오해가 발생할 수 있다.

영화 〈콘택트〉는 언어가 생각의 틀을 형성시키고, 사고의 차별점을 만들어낸다는 주제를 다루고 있다. 외계인의 등장 이후 두 종족 간의 관계는 대립이 있을지언정 무력이 아닌 대화를 원하고 있고, 언어의 활용을 인류 문명 간의 교류를 위한 도구로 사용하는 것을 넘어서 외계 문명과의 소통의 도구로 이용하고 있다. 인간이 외계인의 언어를 배움으로써 외계인들이 가지고 있는 사고방식을 이해하고 반대로 외계인들에게 지구의 언어를 알려줌으로써 그들이 인간의 사고방식을 이해하도록 만든다.

부모 자식도 마찬가지다. 부모 자식 사이도 소통으로 좋은 관계를 유지하려면 부모는 아이의 음성언어와 감정이나 몸짓 등 비언어를 알아야 할 것이고, 아이도 부모의 언어를 이해하고 이해가 되지 않는다면 짐작하지 말고 무엇을 의미하는지 물어봐야 한다. 소통이 원활하게 이루어지지 않고 각자 생각만 하면 남에게 피해를 주게 되고 사건이나 사고를 만들어낼 수도 있다.

세대 간의 갈등을 없애는 것이 소통이다

현재 우리 사회는 세대 간의 갈등이나 시대의 세대 차이에 따른 어려움이 극대화되고 있다. 그래서 '꼰대'라는 단어와 'MZ세대'라는 단어가 등장하기도 했다. 이러한 갈등이나 어려움은 불필요한 소모를 하는 것이다. 젊은이는 노인에게 배우고 노인 역시 젊은이에게서 배워야 할 것이다. 상호 간의 배움을 통해서 시대와 세대를 뛰어넘는 어떻게 보면 단절들을 회복하고 공존해야 할 것이다.

프란치스코 교황은 "젊은이들과 두 가지를 기억하고 싶습니다. 바로 과거와 미래입니다. 젊은이들이여, 여러분의 뿌리를 잊지 마시고 할아버지, 할머니들을 잊지 마십시오. 부디 쉴 새 없이 선을 행하십시오. 이 일에 지치지 마십시오"라는 한국 젊은이들을 위한 당부의 말씀을 남겼다.

젊은 세대는 바로 지금 '현재'다. 현재를 열심히 살아가다 보면 과거는 잊어버리고 다가올 미래만 생각하게 될 수 있다. 그러나 과거가 없는 오늘은 있을 수 없고, 지금 현재인 오늘이 영원하지 않다는 것을 명심해야 한다.

자녀와의 의사소통을 위한 기술을 익혀라

우리 부모님들이 살았던 과거에는 '과묵하다', '겸손하다'가 미덕이었지만 지금 우리 아이들이 살아가는 이 시기에는 '자신을 잘 표현'해야 하는 커뮤니케이션과 인맥네트워크를 통해 인간관계 형성을 중요시하는 시대다. 그러므로 부모의 기준이 아니라 아이들이 살아갈 시대를 기준으로 아이들은 자신을 잘 표현할 수 있어야 한다. 이렇게 자신을 잘 표현하는 콘텐츠를 가진 아이로 키우기 위해서는 부모가 집에서 평소에 표현을 많이 하도록 도와주어야 한다. 의사소통에서 중요한 기술은 '1:2:3'과 아이들의 의사소통 특징을 이해해야 한다. '1:2:3'은 '한 번 말하고 두 번 듣고 세 번 끄덕임'으로 공감하라는 것이다. 아이들의 의사소통은 간단한 단어만 이해할 수 있고, 집중력이 적고, 감정적인 면이 특징이다. 간단한 단어만 이해할 수 있다는 것은 쉬운 단어로 설명해야 하며 어려운 단어가 필요한 경우에는 예시가 동반되어야 한다. 집중력이 낮다는 것은 부모가 말을 길게 하는 것은 도움이 되지 않고 부모가 약간의 동작으로 몸짓 언어를 사용하여 주의를 끄는 것도 집중력을 높이는 하나의 방법이다. 그리고 아이들의 의사소통은 감정적인 면이 강하므로 스토리텔링을 통해 이야기를 전달하는 것도 효과적이며 우호적인 표정과 제스처가 동반된다면 효과적이다.

101호와 102호에 도둑이 들었다. 그런데 101호는 도둑을 맞았고 102호에는 도둑이 왔다가 그냥 갔다. 도둑이 처음 102호에 물건을 훔치러 갔는데 현관에 신발이 너무 가지런하게 정리가 되어 있었고 안에서 웃음소리가 들려와 도둑은 "이렇게 행복한 집에는 물건을 아무 곳에나 두지 않고 소중하게 간직할 것"이라고 생각하고 돌아가려고 나왔다. 반면에 101호에서 싸움 소리가 들려 들어가 보니 아니나 다를까 현관에 신발이 흩어져있고 물건을 훔쳐서 나와도 모르더라는 것이다.

큰 아이는 초등학교 1학년 때 선생님께 현관에 신발 정리를 잘해 놓아서 도둑을 물리친 이 이야기를 듣고 잠자기 전에 꼭 현관에 신발 정리를 하는 습관이 생겼다. 이렇게 스토리텔링을 아이들과의 의사소통에 적용하면 효과적이다.

갈등상황에 대처하는 능력을 길러라

아무런 위험 없이 승리하는 것은

영광 없는 승리일 뿐이다.

- 피에르 코르네유

갈등해결은 또래 관계를 형성하고 유지하는 방법과 갈등상황에 대처하는 방법에 대해서 아는 것이다. 인생은 객관식이 아니라 주관식이다. 부모가 제시하는 문제에 정답만 적으면 되는 것이 인생이 아니라는 것이다. 사는 동안 얼마나 많은 상황이 있을지는 아무도 모르지만, 우리는 내·외적으로 수많은 갈등상황을 겪을 수밖에 없다. 아이가 살아가면서 처할 모든 상황에 대한 예제, 경험을 부모가 보여주고 느끼게 해줄 수 없기에 어떤 상황에 처하더라도 대처할 수 있도록 능력을 길러주는 것이 중요하다.

넘어지는 것을 모르는 아이는 일어서는 것도 못한다

아이가 넘어질까 부모가 노심초사하여 모든 것을 다 해주고 보호해주어서 한 번도 넘어지지 않은 아이는 부모가 없을 때 넘어지면 일어설 줄도 모른다. 넘어져서 일어나는 것을 일부러 알려줄 필요는 없지만 넘어지지 않게 미리 조바심내지 말고 언제 어느 때라도 넘어지면 일어나 다시 달릴 수 있도록 해야 할 것이다. 아이가 어릴 때는 싸움도 대신해주고, 갈등해결도 대신해줘야 한다고 생각하는 부모가 많다. 하지만 갈등해결에 대한 능력을 각자가 형성하지 못하면 결국 사회 집단에 속해 있을 수가 없다.

네버랜드 세계 걸작 그림책으로 시바타 아이코 작 『친구랑 싸웠어』*는 친구와 싸우고 나서 갈등을 해결하는 과정을 보여준다.

다이는 먼저 주먹을 날렸지만 고타한테 되려 더 맞았고, 집에 와서 엄마한테 매달려 엉엉 운다. 선생님이 찾아와 친구들과 함께 간식을 먹자고 하지만 다이는 가지 않았다. 이때 다이는 엄마는 당연히 내가 가지 않기 때문에 가지 않을 것이라고 생각했는데 예상과 달리 엄마는 가려고 해서 선생님을 따라가려는 엄마를 만류하기 위해 문을 열자 친구들이 다이를 부른다. 고타는 다이가 원하지 않는 사과를 하고, 엄마가 가져온 친구들과 만든 만두를 먹으며 화가 풀린 다이는 접시를 가지고 다시 놀이섬으로 돌아간다는 내용이다.

*   이토 히데오 그림, 시바타 아이코 글, 『친구랑 싸웠어!』, 시공주니어, 2006.

아이들의 세계는 그리 복잡하지 않다. 그러므로 부모는 '왜 싸웠는지, 누가 잘못했는지, 싸우면 왜 안 되는지'를 묻고 따질 필요가 없다. 아이들은 "친구랑 싸웠어!"에서 당장 죽을 것처럼 억울하고 분하다가도 만두를 먹으며 마음이 풀리고, 자신을 부르는 친구들에게 다시 가고 싶어한다. 화해하고 싶은 마음이 없었던 것도 잊고 언제 그랬냐는 듯 싸운 친구와 다시 헤헤거린다.

우리 부모는 아이가 싸우고 집에 들어오면 "왜 싸웠니? 누구랑 싸웠니?" 등 전후 사정을 따지고 묻고 마치 판사처럼 상대 아이를 심판한다. 일부는 아이의 감정을 전이 받아 대신 싸우러 가는 부모들도 있어서 아이 싸움이 어른 싸움으로 커지는 경우도 있다.

아이의 말을 말없이 들어주고 감정을 고요하게 받아들여 준다면, 아이는 자신의 문제를 아이 자신의 방식대로 해결할 수 있다. 만두 접시를 깨끗이 씻어서 들고 가는 '다이'처럼 아이들의 방식은 깔끔하다. 만약 울며 속상한 마음을 토로하면 아이들을 부모는 평가할 필요도 없다. 그리고 아이들의 싸움에 개입할 필요도 없다.

아이의
정서능력을 길러라

    정서는 여러 상황 속에서 주관적인 경험을 통해 나타나는 다양한 감정이나 기분으로, 일시적인 감정과 장기적인 감정으로 인해 각성되며 사고와 행동을 포함한 여러 혼합체를 의미한다. 정서는 감정과 밀접한 관계가 있으며 놀람, 기쁨, 슬픔, 분노, 공포 등의 일차정서와 인지능력과 자아의식이 필요한 이차정서가 있다. 인간은 태어나서 돌이 되기 전에 거의 모든 감정을 느끼며 정서적인 부분에 영향을 미치기 때문에 생후 8개월 전의 안정적인 정서가 아이의 정서발달에 큰 영향을 미친다. 정서는 주변 환경에 크게 영향을 받기 때문에 양육 형태에 따라 긍정적인 정서, 부정적인 정서가 형성될 수 있다. 정서는 성장 과정에서와 성인이 되어서도 사회성과 같은 측면에서 큰 역할을 하므로 긍정적인 정서발달은 매우 중요하다. 따라서 단순한 정서의 정의는 어떤 일에 대한 감정과 느낌이지만 더 나아가 그 일의 합리성과 판단 등은 이차정서인 인지능력이 발달해야 가능하다고 볼 수 있다. 즉, 정서발달은 인지발달과 크게 관련이 있다. 이를 정서지능이라고 하며 정서지능이 높을수록 다른 사람의 감정을 잘 읽을 수 있고 공감하며 분별 능력이 높아서 능동적 대처가 빠르다. 결론적으로 정서지능은 감정조절 능력과 더불어 지능발달도 어우러지므로 문제해결력이 높아진다.

정서능력을 기르기 위해 '시'를 쓰게 하자

아이들의 정서능력을 길러주기 위해 '시'를 쓰게 하면 좋다. 시를 쓰면 사물을 잘 볼 수 있고 감흥을 불러일으켜 정서적으로 안정을 가져온다.

공자의 『논어』에서는 "얘들아 왜 시를 공부하지 않느냐? 시를 배우면 감흥을 불러일으킬 수 있고 사물을 잘 볼 수 있으며 사람들과 잘 어울릴 수 있고 원망을 해도 사리에 어긋나지 않을 수 있다. 가까이는 어버이를 섬기고 멀리는 임금을 섬기며 새와 짐승과 풀과 나무의 이름도 많이 알게 된다"고 하였다. 이 얼마나 '해라'고 강요하지 않고 자연스럽게 하게 하는 방법인가? 많은 육아서들은 아이들의 정서능력을 증진하기 위해 상황이나 인간관계에서 어떻게 하면 좋다라고 제안하는데, 이 방법들은 보다 인위적이지만 '시'를 쓰면서 증진되는 정서능력은 매우 자연스러운 것이다.

정서발달, 지능발달을
높이는 방법

❶ 훈육을 할 때 소리를 지르거나 때리는 등 체벌을 하지 않는다.

❷ 늘 아이를 믿고 있고 이해하고 있다는 말을 한다.

❸ 아이가 감정 표현을 할 때 지지해준다.

❹ 부정적인 상황에서 아이의 말에 눈을 보면서 경청하도록 한다.

❺ 부정적 상황이 발생했을 때 부모는 긍정적인 말을 사용한다. 예를 들면, 아이가 어떤 것을 함께하자고 제안했을 때, '못해'보다는 '다음에 하자'는 식으로 말을 한다.

❻ 긍정적 행동은 즉시 칭찬하고, 부정적 행동은 단호하고 낮은 목소리로 훈육하고 위험하지 않거나 참아줄 수 있는 일은 무시한다.

❼ 정서발달과 지능발달 모두 '감정'과 연관되므로 공감이 중요하다. 예를 들면, 아이가 기분이 좋지 않아 토라져 있다면 질타하기보다는 "은희가 속이 상하구나!"하며 마음을 헤아려주는 공감 언어를 사용해준다.

아이에게
감정조절을 가르쳐라

아이들은 자신의 욕구가 좌절되어 분노를 느낄 경우 이러한 감정을 적절히 해소할 수 없어서 신체적으로 공격적인 표현을 한다. 그러므로 아이의 감정을 무시하지 말고 긍정적으로 표현할 수 있도록 해야 한다. 감정조절은 미해결된 부정적 감정 인식 및 표현하기, 공격성과 충동성 분노 조절하기, 우울과 불안감 및 무력감을 조절하는 것이다.

우리는 살아가면서 좋은 일만 경험하고, 기쁨만 있을 수는 없다. 슬프거나 화가 나거나 등 부정적인 감정들도 존재하기 마련이다.

그런데 아이들이 화를 내면 나쁜 아이라고 화내지 말라고 한다. 그리고 아이가 슬퍼서 울면 우리 부모들은 "뚝, 그만 울어"라고 말한다. 학교에서 아이들이 울면 어떤 선생님은 "실컷 울고 싶은 만큼 울어라"고 하면서 아이가 스스로 울음을 멈출 때까지 지켜보는 경우가 있다. 이는 아이의 내면을 지배하는 슬픈 감정을 모두 토해내고 나면 속이 후련해지고 부정적인 감정이 찌꺼기로 남아있지 않기 때문에 정신 건강에 좋은 것이다. 그럼에도 불구하고 어떤 부모님들은 "선생님이 우는 아이를 보고 그냥 지켜만 본다"고 교사로서 도리를 다하지 않는 것으로 비아냥거리기도 한다. 부정적인 감정들을 애써 무시하고 방치하고 참기만 하면 어느 시점이 됐을 때 자신도 모르게 감정이 폭발할 수 있다. 참기만 하면 언젠가는 감정조절이 안 되기 마련이다.

감정은 숨기기보다 표현하면서 조절하는 것이다

영화 〈인사이드 아웃〉에서 인간은 여러 가지 감정들을 가지고 태어나고 숨김없이 표현한다. 모든 감정에는 다 이유가 있어서 슬프면 슬프다, 힘들면 힘들다고 말할 수 있어야 한다. 세상에 틀린 감정은 없다. 다만 상대가 원하지 않는 감정이 있을 뿐이다. 균형을 잃고 한 감정으로 치우치게 된다면 문제가 될 수 있기 때문에 감정은 조화가 필요하다.

감정은 매일매일 다른 일이 일어나는 것처럼 같은 상황에서도 다른 감정이 생길 수 있다. 특히 아이들은 부모가 어제와 같은 말을 오늘 했는데도 슬퍼하거나 화를 낼 때가 있다. 이는 아이들이 날마다 정신적으로 성장하고 자아가 분화를 이루어 발달한다는 것을 증명하는 것이다.

감정은 부모가 '네모가 돼라, 세모가 돼라'고 틀에 끼워 맞추지 말고 상황에 맞게 마음껏 표현하게 하면 나중에 폭력적으로 표현하지 않게 된다. 화가 날 때 화가 나지 않는 것처럼 하지 말고 화가 났지만 참는다고 해야 한다.

예를 들어, 아이는 본래 공부보다 운동을 더 좋아하는데 부모의 기분에 따라 오늘따라 공부를 안 하는 것 같다면 누구의 문제일까? 바로 부모 자신의 문제인 것이다. 나를 기준으로 말하는 것이 아니라 상대의 입장을 늘 물어보는 것이 중요하다.

영화 〈인사이드 아웃〉에서는 머릿속에서 일어나는 감정들을 의인화한다. 이는 내면을 바라보는 새로운 한 방법으로, 우리 안의 부정적인 감정들 또한 모두 '있는 그대로의 나'로 인정해야 마땅한 것임을 시사한다. 그리고 '인생은 마냥 기쁨만 가득할 수 없으며 반드시 슬픔이라는 감정이 수반되며 이를 해소하면서 더 나은 나로 성장할 수 있다'는 점과 '모든 감정은 소중하다'는 교훈을 준다.

아이의
책임감을 키워줘라

책임감은 책임에 감이 더해진 것으로 맡아서 해야 할 임무나 의무를 중히 여기는 마음이다. 책임감은 살면서 길러진다. 아이가 세상을 살아가면서 자신이 한 행동뿐만 아니라 사회가 정해놓은 규칙 안에서 책임을 다하는 것을 키워줘야 한다. 책임감은 인생에서 아주 중요하기 때문이다. 어른이 되면서 자연스럽게 책임감이 뒤따르기도 하거니와 강한 책임감은 사회에서 능력을 인정받기 위한 필수불가결의 조건으로 여겨진다.

MBC 창사 50주년 특별다큐멘터리 〈남극의 눈물〉에서는 황제펭

권의 '부성애'를 잘 보여준다. 황제펭귄은 남극의 겨울에 영하 60도의 극한의 추위 속에서 아빠 황제펭귄의 뱃가죽 안의 '배란낭'에 알을 넣고 품어 안고 번식하는데, 추위와 눈보라 속에서 알이 부화하고 다 자라서 바다로 떠나는 순간까지 책임을 다한다. 부모 펭귄은 새끼 펭귄의 양육에 번갈아 참여하고, 한쪽이 새끼를 품고 있으면 나머지 한쪽은 무리와 함께 먹이를 구하러 떠난다. 남아서 돌보는 쪽은 뱃속에 저장한 먹이를 게워내 새끼에게 주고 먹이가 다 떨어질 때쯤, 먹이를 구하러 떠났던 펭귄이 위풍당당하게 돌아온다.

아이가 스스로 경험에서 책임감을 가지는 기회를 줘라

아침 식사를 거르면 결과는 자연적으로 점심시간 전에 배가 고프다. 그러한 결과를 잘 아는 부모는 한 숟가락이라도 먹여서 보내려고 하거나, 책가방 싸는 옆에 바짝 붙어 앉아서 떠먹이고 옷을 갈아입는 옆에서 떠먹이기까지 한다. 그러다 부모가 여행이라도 가거나 집안 행사에 참여하기 위해 집을 비울 때 아이가 밥을 먹지 않는 것은 당연함에도 전화로 일일이 밥솥에 밥 있고 냉장고에 반찬 있으니 꺼내 먹으라고 신신당부를 한다. 누구나 아는 사실이지만, 헛일이고 오히려 아이의 책임감을 저하시킨다. 늦잠을 자면 학교에 지각하게 되는 것은 당연하다. 그런데 부모는 아침마다 전쟁이라도 하듯이 하루아침에도 몇 번씩 아이를 닦달한다. 부모가 학교 다닐 때 지각한 뒤 교문에 서서 백두산 호랑이보다 더 무섭다는 학생주

임 선생님께 손바닥을 맞거나, 벌점을 받거나, 벌로 화장실 청소를 하면서 다음부터는 절대 지각하지 않을 것이라 마음먹었던 기억을 떠올린다면 그게 바로 책임감이 키워지는 계기였음을 알 수 있다.

결론적으로 지각을 해도 아이 스스로 경험하고 자신에게 다음부터 절대 지각을 하지 않을 것인지, 다음에도 지각을 하고 벌점을 받을 것인지를 선택하는 것이 책임감을 키우는 것이다. 그리고 집 밖에 자전거를 세워두면 자전거가 녹슬거나 도난당하는 것은 당연한 결과다. 애초에 물건의 소중함을 알고 녹슬거나 도난당하지 않도록 잘 관리하는 것은 아이의 책임이다. 만약 아이의 "잃어버렸다"는 말에 부모가 또 사준다면 아이가 책임감을 키울 기회는 당연히 없다.

> "모든 권리에는 책임이, 모든 기회에는 의무가
> 소유에는 그에 상응하는 임무가 따른다."
> - 존 D. 록펠러

아이의 책임감을 키우기 위해서 부모는 다섯 가지 결단이 필요하다. 스스로 선택하게 하기, 자신의 삶을 아이 스스로 개척하는 기회를 주기, 행복을 선택하는 법을 알게 하기, 부모의 눈치를 보지 않게 하기, 자립심을 배우게 하기와 같은 다섯 가지 결단이 필요하다. 특히 자립심은 요람 안에서도 배울 수 있는 것으로 칭찬을 갈구하는 자세와 사랑을 구하는 일을 혼동하지 말아야 할 것이다. 이러한 결단은 내 인생은 내가 지휘하는 것이다.

사랑하는 것을
습관이 되도록 해라

학교에 가야 할 시간까지 아이가 일어나지 않으면 행여 지각할까 봐서 걱정되어 우리 엄마들은 할 소리 안 할 소리 다 해서 아이를 깨우려고 한다. 그래도 일어나지 않는 아이는 매일 듣는다면 이제 귀에 딱지가 앉아서 오히려 자장가가 될 뿐이거나 그러려니 하고 그도 아니면 반항심에서 일부러 일어나지 않게 된다. 부모는 사랑이라는 명분으로 지각하지 않게 하려고 아이에게 상처를 주는 말이나 폭력적인 행동까지 하면서 아이를 깨우려고 한다. 반면 아이는 가만히 내버려 두면 알아서 일어나 지각하지 않고 등교할 텐데 부모의 잔소리를 듣고 자존심이 상해서 더 안 하게 되기도 한다.

그런데 가만히 생각해보면 학교에 지각하여 혼나는 것은 누구의 몫인가? 당연히 아이 자신의 몫이건만 부모가 대신 출석해주지도 못하면서 아이와의 관계만 깰 필요는 없을 것이다. 오히려 아침잠이 많은 아이를 보며 울화통이 터진다고 하지 말고 어제 하루를 온 힘을 다해 놀았구나 하며 대견하게 바라볼 수 있는 그런 부모가 된다면 아이는 학교에서 일어나는 모든 일에 책임감을 느끼고 살아갈 수 있을 것이다.

사랑은 미루는 것이 아니다

'사랑'이라는 말은 사전적으로 '사람이나 존재를 아끼고 위하여 정성과 힘을 다하는 마음'이다. 그러나 사랑은 무조건적 헌신을 뜻하는 것은 아니고 서로 주고받는 것이 아니라 서로가 서로에 대한 믿음이다. 그러므로 사랑은 '진솔'해야 하며 같은 방향으로 나란히 보아야 한다.

가끔 TV에 나오는 어른들을 보면 칠십 평생 아내에게 사랑한다는 표현 한 번 해본 적이 없어서 "사랑한다"는 4글자를 입 밖으로 내뱉기가 무척 어려워하는 모습을 볼 수 있다. 반면 요즘 부모들은 부부간이나 자식들한테 사랑한다는 말을 서슴지 않고 전달한다. 여기서 저자는 한 가지 의문을 가진다. 부부가 살면서 늘 사랑할 일만 있던가? 또한, 자식이 늘 사랑스럽기만 하던가? 무엇보다 자식에게 사랑한다는 말이 영혼이 담긴 메시지인지 묻고 싶다. 이런 의문이 생김에도 불구하고 사랑하는 마음과 사랑한다는 말은 미루지 말고 즉시 해야 한다고 강조한다.

사랑이란 너무 오묘해서 어디부터 어디까지 사랑인지도 모르겠고, 왜 사랑이라 부르는지도 모른다. 그냥 어딘가 이 느낌은 사랑인 것 같다고, 사랑이라고 부르지 않으면 견딜 수가 없는 순간이 있다. 그것은 무조건 사랑이다. 사랑은 그런 것이기 때문이다. 그 이유는 사랑한다는 말을 들으면 왠지 뿌듯하고 기분이 좋다. 사랑한다는 말을 하는 것도 마찬가지로 설레고 가슴이 뛴다. 이쯤 되면 '사랑'은 사람의 마음을 얻는 가장 강렬한 메시지다.

5부

아이를
글로벌 리더로 키우는
부모로 수선합니다

내 아이를
글로벌 리더로 키워라

　너무나 사랑스러운 내 아이를 글로벌 리더로 키울 수 있느냐는 부모의 노력에 달려있다고 해도 과언이 아니다.

　2016년에 개최된 세계경제포럼(WEF)의 「미래직업보고서(The Future of jobs)」에서는 20년 안에 현재 직업의 절반 이상이 사라지고 지금 초등학교에 입학하는 아이들의 65%는 새로운 직업을 갖게 된다고 전망하였다. 디지털, 빅데이터, 머신러닝, 3D와 4D 프린팅, 사물인터넷, 오픈소스 하드웨어와 메이커 운동(Maker movement), 드론, 로보틱스 등은 4차 산업혁명과 생활 혁명의 진입을 알리고 있다. 구글의 알파고(AlphaGo)로 대표되는 딥마인드(DeepMind)와 같은 인공지능(Artificial intelligence)의 발전 속도는 사고혁명을 요구하고 있다. 따라서 미래를 살아갈 우리 아이들에게는 그 시대에 맞는 교육과

훈련이 필요하다. '애플스쿨(Apple school)'*이나 '알트스쿨(Alt school)'**의 경우를 보면 세계는 이미 미래 인재를 준비하는 데 돌입한 것으로 보인다.

애플스쿨과 알트스쿨의 예처럼 부모는 아이들이 미래 사회를 살아갈 수 있도록 세상의 변화에 맞게 역량을 길러줘야 한다. 그러기 위해서는 다른 아이들이 하는 것과 비교하는 게 아니라 내 아이와의 대화를 통해 생각을 나누며 아이가 무엇을 하고 싶고 좋아하는지를 먼저 알아야 한다.

옛날 어른들은 '아이는 낳기만 하면 다 알아서 큰다', '자기 먹을 것은 가지고 태어난다'라고 했다. 과거에는 지금과 같은 경쟁을 하지 않아도, 자신의 장점을 잘 살리기만 해도 살 수 있었기에 통했을지는 몰라도 현대 사회에서는 참으로 무색한 말이 되었다.

매스컴에 등장하는 성공한 사람으로 아이를 자라게 할 수 있다면 무조건 따라 하고 싶은 것이 현대를 살아가는 부모의 마음일 것이다. 그러나 다른 아이들을 보며 '요즘 아이들이라서', 'MZ세대라서 그래'라고 말하면서 정작 내 아이에게는 미래를 살아가도록 지지하는 것이 아니라 현재를 살아가도록 자꾸 가두고 있다.

---

*   네덜란드의 새로운 생각에 초점을 맞춘 프로젝트 수업으로 전형적인 학교 교육과정과 전통적인 교과서로 움직이는 학교가 아닌 아이들이 자신이 배우고 싶은 것을 아이패드로 활용해 배움.

** 미국의 개인맞춤형 교육과정에 따라 프로젝트 수업방식으로 저커버그(Zuckerberg, 페이스북 창업자) 등 여러 세계적인 기업가가 투자하고 있는 것으로 홈스쿨링과 학교를 결합한 작은 학교(micro school)이다. 이는 나이가 아닌 흥미와 특성을 고려하여 교육과정을 운영.

전체 노벨상의 40%, 전 세계 억만장자의 30%, 세계인구의 0.2%인 유대인들에게 13세가 된다는 것은 성대한 성인식을 치른다는 점에서 아주 특별한 의미가 있다. 이날은 개인의 일생에서 결혼식과 마찬가지로 일생에서 가장 중요한 날로 꼽힌다. 이 성인식은 결혼식 피로연과 비슷한 형태로 진행되며, 친구들은 물론 가족들도 대부분 현금으로 부조금을 낸다. 조부모나 부모님과 가까운 친척들은 이때 유산을 물려주는 생각으로 적지 않은 금액을 주기도 한다. 이렇게 성인식날 모인 돈은 주인공이 일생을 살아가는 종잣돈(Seed money)이 된다. 이 돈은 이들이 사회생활을 시작할 때 당장 먹고 살기 위해 직장을 가고 돈을 버는 것이 아니라 이 돈을 불리기 위해 무엇을 해야 할지 생각하게 된다.

우리는 어떠한가? 당장 먹고 살기 위해 적성과 좀 안 맞더라도 돈을 벌어야 한다는 생각으로 진로를 결정하고 직장을 선택한다. 또한, 돈을 더 많이 버는 직장이 있으면 묻지도 따지지도 않고 직장을 옮기기도 한다.

우리와 유대인은 사회생활의 출발점부터가 다르다. 무엇이 옳은지 그른지는 아무도 모르는 일이지만 아이가 세상에 뛰어들어 자신의 소신대로 무언가를 이뤄나갈 수 있도록 부모의 지혜로운 뒷받침이 있어야 할 것이다.

요즘 시대는 취미나 여가활동이 직업이 되거나 부캐로 돈을 버는 하비프러너(hobby-preneur)*가 늘고 있다. 앞으로는 더하면 더했지 덜하지는 않을 것이다. 아이의 아토피를 치료하기 위해 천연비누를 만들다가 수제비누 회사를 설립하고, 회사에 다니며 춤을 배우다가 댄서가 되거나 주말에는 캘리그라피를 가르치거나, 반려동

---

* 자신이 좋아하는 취미를 사업으로 발전시키는 사람.

물 옷을 만들어 인터넷 쇼핑몰을 운영하는 경우도 있다.[**] 인터넷 기반의 무점포 창업, 경영지원 소프트웨어 등 각종 IT 기술의 발달, 국가 차원의 창업지원, 공유 경제 등 여러 가지 측면에서 말이다. 이러한 시대에 앞서가라고 등 떠밀지는 못할망정 우리는 아이들이 컴퓨터를 하고 있으면 그 시간에 공부하라고 한다.

이러한 시대에 '적성에 맞는 것을 찾아서 성공해봐라' 하고 등 떠밀지 못할망정 좋아하는 것을 못하게 하고 그 시간에 공부하라고 하는 것은 시대착오적인 발상이 아닐까?

부모의 진정한 역할은 아이의 성공이 돈을 많이 벌어서 부자가 되는 것도, 공부를 잘해서 1등을 하는 것도 아닌 아이가 진정으로 좋아하는 일이나 이 일을 하면 정말 행복하다고 생각하는 일을 할 수 있도록 격려하고 지지해주는 것이다.

[**]   문요한, 『살아갈 힘을 주는 나만의 휴식 오티움(Otium)』, 위즈덤하우스, 2022.

글로벌 리더는
미래를 창조한다

　같은 미래가 도래하여도 사람마다 받아들이고 살아가는 방법은 각기 다르다. 자신이 스스로 리더가 되도록 노력해야지 누군가가 대신 노력해주고 행동해줄 수 없다.

　〈알쓸신잡〉이라는 TV 예능 프로그램에 출연한 유현준 교수는 저서 『공간의 미래』[*]에서 '미래는 꿈꾸는 자들이 만든다'고 말했다. 이 말은 다른 사람이 만드는 미래에 맞추어 살고자 하는 것이 아니라 내가 살고 싶은 미래를 내 스스로 창조하는 것을 의미한다.

> 미래를 예측하는 최선의 방법은 미래를 창조하는 것이다.
>
> — 알랜 케이

[*]　유현준, 『공간의 미래』, 을유문화사, 2021.

피터 드러커 또한 '미래는 예측하는 것이 아니라 창조하는 것이다'라고 하였다. 우리는 타임머신이 없어서 미래를 보기는 어렵다. 하지만 미래는 현재 다음에 반드시 온다. 현재는 과거가 있었기 때문에 있는 것이고, 미래는 현재가 있기에 가능한 것이다. 그렇다면 답은 간단하다. 미래는 현재가 진화하는 것이므로 과거와 현재를 알면 미래에 필요한 기술이나 문화와 경제 등의 시나리오를 추정할 수 있게 된다.

정말 미래는 예측하기 어려운 것일까? 인구 통계 분야에서는 비교적 미래 예측이 가능하다고는 하지만 미국이나 일본 등 많은 나라의 예측이 빗나갔다고 한다. 또한, 1982년 미국 최대의 전화 회사인 AT&T에서는 유명한 컨설팅 회사에 2000년 휴대전화 시장 규모 예측을 의뢰했는데 빗나가서 결국 회사는 망했다고 한다.

미래를 예측하기 위한 도전과 노력이 있었지만, 현재까지 알려진 것들은 모두 실패했다는 점에서 미래를 정확하게 예측하기란 불가능에 가깝다고 볼 수 있다. 그러므로 당장은 미래를 예측하기 위해 힘을 쏟기보다는 앞서 언급한 유현준 교수, 피터 드러커 등이 말한 것처럼 우리가 미래를 개척하는 최고의 방법은 스스로 주도적인 미래를 창조해나가는 것이 아닐까 싶다.

"이 병 안에 든 것이 무엇인지 아십니까?"

"네, 배에요. 먹는 배입니다."

"그런데 이 배를 어떻게 이 병 안에 넣었을까요?"

"꽃 떨어지고 바로, 아주 작은 배일 때 병 안에 넣어 키웠습니다."

"병에 든 배는 시중에 판매하는 배의 원가를 제외하고도 5배 정도 수익성이 있습니다. 즉, 없어 못 판다는 것이죠. 이것이 미래를 예측한 창조입니다."

"그럼 이 배는 어떻게 먹을 수 있습니까?"

"병을 깨야 먹을 수 있습니다."

"'돈이 얼마인데'라는 생각에 병을 깨지 못하면 배를 먹을 수 없습니다. 이처럼 우리 부모님들도 아이를 향한 기존의 관점을 깨야만 아이들이 미래를 향해 거침없이 달려나가는 데 도움이 될 수 있습니다. 그렇지 않으면 아이는 신체적으로는 자라겠지만, 정신적인 성장은 이루기 힘듭니다."

글로벌 사회에
필요한 무기를 쥐여줘라

첫 번째 마당: 세계시민으로 키우자

우리가 사는 지금을 21세기, 글로벌 시대라고 한다. 우리 부모 세대가 살아온 시대보다 현재는 많이 달라졌고, 앞으로는 더 많이 달라질 것이다. 그럼에도 불구하고 '라떼는 말이야'만을 말한다면 부모세대와 아이들 간에 갈등이 생길 수 있음은 불을 보듯 뻔하다. 아이를 잘 키우게 하고 싶은 것은 이 세상 부모라면 누구나 가지는 마음이다. 그러나 자꾸 '잘 자라라', '훌륭한 사람이 되라'고만 해서는 아이가 글로벌 사회를 살아갈 수 있는 능력을 갖추게 되는 아이는 드물다. 아이를 글로벌 사회에 깃들어 살아갈 수 있는 세계시민으로 우뚝 세우려면 부모가 먼저 글로벌 마인드를 가져야 한다. 이에 부모는 세계적 동향을 잘 살피고 아이를 주위에 보이는 것과 비교하거나 좋다고 인식되는 것을 쫓아가는 형이상학보다 고정관념을 없애고 창의적인 발상을 하는 실사구시(實事求是)적 태도를 갖춰야 한다.

더불어 사는 세상을 만들려면 당연히 시민의식이 자리매김해야 하고 세계시민으로 자라기 위해서는 효율성과 창의력, 국제화 시대에 걸맞게 언어, 문화적으로 다변화된 유능함을 지녀야 할 것이다.

인도네시아 발리섬에 사는 위즌 자매는 '플라스틱 없는 세상'을 위해 도전한다. 두 소녀는 학교에서 세상을 긍정적으로 바꾼 사람들에 대한 이야기를 듣고 플라스틱 쓰레기 문제를 해결하기 위한 행동에 나선다. 위즌 자매는 비닐 봉투 사용을 금지하는 '바이 바이 플라스틱 백'이라는 단체를 만들어 소책자 제작, 강연, 장바구니 배포 등의 활동을 계속한다. 그녀들의 열정은 2년 만에 결실을 보아 발리섬의 주지사는 발리를 플라스틱 없는 섬으로 만들겠다고 약속했다. 문제는 다른 나라에서 배출하는 매년 수십만 톤의 플라스틱 쓰레기가 여전히 발리섬으로 밀려오고 있다는 것이다. 그런데도 자매는 포기하지 않고 환경 운동가로 전 세계를 돌아다니며 플라스틱 쓰레기 문제를 알리고 있다. 처음에는 어리다는 이유로 무시를 받기도 했지만 어른이 될 때까지 기다리고 싶지 않았고 당장 중요한 일을 하고 싶었다고 했다. 이것이 바로 세계시민 정신이다.

두 번째 마당: 고정관념을 버려라

고정관념은 개개인의 고유한 특성을 고려하지 않고 범주화하는 사고방식으로 불변하지 않는 지식이다. 고정관념에서 벗어나 역발상으로 세계적인 기업이 있다. 바로 '파세코'다. '파세코'는 1970년대 석유 난로를 일본에서 많이 수입해서 사용하던 시절 '신우직물공업사'라는 이름의 석유 난로 회사였다. 1980년대 한 해 50만대 이상 팔렸던 석유 난로는 1990년대 들어서면서 전기발전과 주택에서 아파트 위주의 주거 형태로 바뀌며 중앙난방이 대세로 자리잡히자 침체기를 맞이했다. 이때 파세코는 다른 업종으로 전환하든가 아니면 문을 닫아야 하는 상황이었지만 그러지 않았다. 이들은 낮에는 30~40도의 기온이지만 밤이 되면 5도 안팎까지 기온이 떨어지는 중동지역으로 진출해 유목민을 위한 취사 기능이 들어간 난로를 생산했다. 이로써 세계 100대 기업으로 부상할 수 있었다.

서광원은 『살아 있는 것들은 전략이 있다』*에서 살아남은 생명체들은 저마다 살아남을 만한 이유를 스스로 찾아내고 만들었기에 지금 살아 있는 것이라고 말한다. 살아가는 원리는 같다는 진화생태학적 관점에서 이들의 차별화된 생존전략은 요즘 같은 변화의 시기에 어떻게 해야 더 나은 미래를 맞이할 수 있느냐는 물음에 강력한 시사점을 제공한다. 고양이과 동물 '서벌'의 메추라기 사냥 전략을

---

* 서광원, 『살아 있는 것들은 전략이 있다』, 김영사, 2014.

통해 아이가 속한 사회에서 필요한 핵심역량을 개발하는 방법, 거미가 힘들게 친 거미줄을 스스로 흔들어 손상된 부분을 고치는 것을 통해 위기와 실패를 예방하는 방법, 사냥벌의 급소전략을 통해 경쟁에서 이기는 성공 비법을 통해서 우리는 생명체들의 생존전략이 우리 부모들이 아이들의 삶에 영향을 어떻게 미칠 수 있는가를 생생히 보여준다.

동물원에 있는 낙타와 사막에 사는 낙타 중 어느 낙타가 더 목이 마를지 묻는다면 아마 대부분 이글거리는 뙤약볕에 시달리는 사막에 있는 낙타라고 답할 것이다. 그러나 사실 동물원 낙타들이 갈증을 더 많이 느낀다고 한다. 그 이유는 사막에는 뜨거운 태양과 황량한 모래벌판이라 어떤 생명체도 살기 어려워서 천적이 거의 없다. 그래서 낙타들은 사막을 자신의 영역으로 만들고 이에 적응하기 위해 등에 '보관 창고'인 혹이 있다. 이 혹에는 영양분뿐만 아니라 물도 저장되어 있는데, 지방 1g에서 0.8~1.07g 정도의 물을 만들어내므로 보통 45일쯤 물을 마시지 않아도 너끈하게 사막을 누빌 수 있다. 지방을 한곳에 모았기에 피부엔 지방이 없어도 더위도 크게 느끼지 않는다. 낙타의 혹에 저장된 지방이 사막을 걸으면서 운동량이 많아지면 분해되면서 물이 생기게 되므로 목이 마르지 않게 된다. 이처럼 더운 사막에 있는 낙타가 동물원 낙타보다 목이 덜 마른다는 것은 우리의 고정관념인 것이다.

부모는 내 아이는 내가 없으면 아무것도 할 수 없을 것으로 생각하고 아이가 필요로 하지도 않았는데 '이것 줄까? 저것 줄까?' 하며 먼저 물어본다. 너무 앞서서 아이에게 이 정도는 필요할 것이라는 고정관념이다. 부모가 이러한 고정관념을 가지고 있다면 아이는 전진하지 못하고 부모의 울타리 안에서만 갇혀있게 된다.

우리 아이를 글로벌 리더로 키우고 싶은 것은 세상 부모 누구나 바라는 바다. 이러한 고정관념으로 아이를 보면 아이는 절대 글로벌 사회의 세계시민으로 자랄 수 없으며 우물 안 개구리로 자라게 될 것이다.

과거에는 하드웨어적인 지식 축적이 우선시되었지만, 21세기 정보화 사회에는 감성이나 창의성 등 소프트웨어적인 능력이 필요하다는 것을 우리 부모들이 먼저 알아야 한다. 그래야만 아이를 글로벌 사회에 적합한 세계시민으로 키울 수 있다.

세 번째 마당: 다양성을 존중하게 하라

다양성은 사전적 의미로 여러 가지 양상을 가진 특성을 의미한다. 이러한 다양성은 어떤 관점으로 보느냐에 따라서 결과가 달라진다. 특히 문화 다양성을 가지는 것은 글로벌 리더가 지녀야 할 필수 교양이다. 문화의 다양성이란 언어, 의상, 전통, 도덕과 종교에 대한 생각 등 사람들 사이의 문화적 차이를 인정하는 것이다. 즉, 낯선 문화를 인정하는 것이 문화 다양성 존중이다. 낯선 문화를 수용하고 존중하는 것은 창의성의 원천이다.

칭기즈칸의 손자 쿠빌라이 칸은 민족, 지역, 종교를 뛰어넘는 포용과 통합의 리더십을 발휘한 것으로 잘 알려져 있다. 피터 드러커는 다양성의 가치를 강조하며 '각기 다르면서도 최상의 조화를 이루는 심포니 오케스트라가 가장 이상적인 조직 모델'이라고 했다. 서로 다른 것에 매력을 느끼고 서로 다른 문화와 생각을 가진 사람이 있을 때 사회는 더욱 발전한다.

보는 것과 아는 것은 차이가 있다

사람들은 몸의 다이어트는 잘하면서 생각의 다이어트는 잘 못한다. 아니 잘 하지 않는다. 다양성을 존중하는 것은 모든 것을 가능하도록 하는 문(gate)이다. 다양성을 존중하기 위해서는 다양한 관점을 가져야 한다.

세상에 변하지 않는 것은 없다. 우리가 당연하다고 생각하는 것은 사회의 문화가 만들어낸 보편화된 고정관념이다. 하지만 우리 아이들이 살아가야 할 세상은 당연하다고 여기던 프레임에서 벗어나 남들이 못 보는 것을 볼 수 있는 눈이 필요하다. 남들보다 폭넓은 생각, 새로운 관점을 알기 위해서는 어떤 관점과 태도로 세상을 보는가, 새로운 것을 어떻게 받아들이는가에 따라 달라진다.

임계점을
극복하게 해라

임계점을 넘지 못하면 지금 그대로 살아간다. 임계점은 어떤 분야에서 개선이 적당히 이루어지고 빠르게 성장하지 않으며 더 이상 새로운 성취감이 생기지 않을 때 나타나는데, 우리 부모들은 아이에게 '나를 뛰어넘어야 한다'가 아니라 '나 만큼만이라도 해라'고 하기 때문이다. 만약 아이가 부모를 뛰어넘지 못하면 발전이 멈추게 된다.

『이솝우화』의 「여우와 신 포도」에서는 어느 날 여우 한 마리가 길을 가다가 높은 가지에 매달린 포도를 보았다. '참 맛있겠다'라며 여우는 포도를 먹고 싶어서 펄쩍 뛰었다. 하지만 포도가 너무 높이 달려있어서 여우의 발에 닿지 않았다. 여우는 다시 한번 힘껏 뛰어보았다. 그러나 여전히 포도에 발이 닿지 않았다. 여러 차례 있는 힘을 다해 뛰어 보았지만 번번이 실패했다. 여우는 결국 포도를 따

먹지 못하고 돌아가야 했다. 돌아가면서 여우는 "저 포도는 너무 시어서 맛이 없을 거야"라고 말했다. 이는 아이가 임계점을 극복하기가 어려워 자기 합리화를 하는 것과 같은 상황이다.

고난과 어려움을 크게 겪은 아이는 임계점을 극복하고 자신에게 보내는 시너지는 견고해진다. 이처럼 조금씩 조금씩 느리더라도 나아가다 보면 임계점을 넘을 실마리를 찾을 수 있을 것이다. 부모가 아이를 다르게 보는 눈을 가진다면 그동안 아이에게서 보지 못했던 새로운 것을 보게 될 것이다. 그때가 되면 비로소 아이가 임계점을 뛰어넘고 글로벌 리더로 우뚝 서게 될 것이다.

내 아이가
위대한 별(Star)이 되게 하라

부모가 자식에게 꿈을 실현할 수 있게 기회를 줘서 '위대한 별 (star)'이 되게 하는 것은 당연한 일이다. 아이들에게 꿈을 이루기 위한 길은 막연하게 느껴진다. 하지만 부모가 옆에서 응원해주고 격려해준다면 아이는 거침없이 달려갈 것이다. 그렇다면 아이들이 위대한 별이 될 힘은 어디서 나올까?

위대한 별과 만나는 기회를 줘라

아이들은 헤아릴 수 없을 만큼 무한한 능력을 지니고 있지만 언제 어디서 어떻게 동기부여가 되어 잠재되어 있던 무한한 가능성이 발현되는가가 중요하다. 아무리 위대한 사람이라도 날 때부터 가지고 태어난 사람은 손가락으로 꼽을 정도이고 엄청난 노력과 의지로 이루어낸 사람이 대부분일 것이다.

반기문 유엔 사무총장은 고교 시절 미국에 가서 케네디 대통령을 만난 후 외교관이 되겠다는 큰 꿈을 마음속에 품었다고 한다. 그 결과 세계 제일의 국제기구인 유엔 사무총장이 되었다. 이와 같이 자신이 닮고 싶은 사람을 우연히 만나거나 필연적으로 만난다면 마음속의 멘토로 간직하고 자신의 꿈을 향해 나아가는 길이 힘들고 어떤 고난이 와도 거뜬히 이겨낼 수 있게 된다.

사람은 각자 다른 성격과 강점을 지니고 있다. 이러한 강점은 언제 어느 순간에 별(star)로 주목받을지 아무도 모르는 일이기에 섣부른 주관적인 평가를 하거나 '저 아이는 그래'라는 결론을 내린다는 것은 매우 위험한 일이다. 무엇보다 아이마다 다름을 인정하고 가능성을 열어 기회를 부여한다면 반드시 아이가 가진 꿈을 실현할 수 있을 것이다.

위대한 별을 만드는 힘을 길러 주어라

위대한 별을 만드는 힘은 어디에서 길러질까? 많은 사람은 위대한 별을 만드는 힘은 아이의 단점이나 스펙에 집중하기보다는 아이마다 숨겨진 재능과 장점을 찾아주고 끊임없는 신뢰를 주는 것이라고 한다.

축구선수 박지성은 수원공고 졸업 시까지 무명의 2류 선수였다. 그는 누구보다 열심히 뛰었지만 "체격이 너무 왜소해"라며 아무도 인정해주지 않았다. 그런데 거스 히딩크 감독이 "나는 그의 정신력에 반했다"라며 박지성 선수의 숨은 재능을 발견했고, 박지성 선수는 한국의 대표선수로도 그리고 맨유에서 세계적 스타로 맹활약했다. 이에 박지성 선수는 히딩크 감독의 말은 '미역국보다 따뜻했고, 힘들 때마다 그 말을 떠올린다'고 하였다.

조나단 아이브는 애플을 대표하는 수석 디자이너다. 사람들이 스티브 잡스를 주목할 때, 정작 스티브 잡스가 주목한 사람은 조나단 아이브였다. 스티브 잡스가 조나단 아이브를 추천하자 애플의 중역들은 "변기, 욕조나 디자인하던 디자이너가 컴퓨터를 뭘 알아"라며 반대했다. 하지만 스티브 잡스는 이들의 말에 개의치 않고 일을 맡겼다. 그 결과 아이맥, 아이팟, 아이폰, 아이패드 등 애플을 대표하는 전자기기 전반을 디자인했다. 그는 '다르게 만들기는 아주 쉽다. 그러나 더 좋게 만드는 것은 정말 어려운 일이다'라고 말했다.

결국 별을 만드는 힘은 '믿음'이다. 우리 아이들은 살아온 날보다 앞으로 살아갈 날이 더 많다. 그러므로 믿음을 가지고 지켜봐 준다면 분명 별이 될 것이다.

인생 최고의 감독은
부모가 아니라 우연이다

　부모는 내 아이가 살아가는 동안 최고의 감독이 되려고 한다. 하지만 부모는 감독보다는 코치가 되어야 한다. 감독은 더 빨리 뛰라고 속도를 강조하면서 재촉하고 지시하지만, 코치는 보조를 맞추어 함께 뛰면서 성과를 이루어낸다. 이 말은 아이와 함께 뛰면서 때로는 박차를 가해서 전력으로 질주하기도 하고, 때로는 속도를 늦추어 무엇이 더 가속할 방법인지 점검도 해야 한다는 뜻이다. 속도만 빠르게 하면 목적지에는 일찍 도착할 수 있을지 몰라도 성숙이 들어갈 자리가 없다. 이렇게 속도만 내는 것은 인간보다 기계가 더 잘하므로 기계한테 맡겨두고 아이에게는 빠른 속도보다는 자신을 발견할 기회를 주는 것이 훨씬 효과적이다.

인생의 방향을 바꾸는 것은 사소할 수 있다

우연히 펼친 한 권의 책으로, 소설과 같은 한 사람의 인생사를 따라가게 되고 그가 느꼈을 굴레, 열정, 사랑, 분노, 희열 등을 체험하는 〈리스본행 야간열차〉라는 영화가 있다. 대사 중에 '꼭 요란한 사건만이 인생의 방향을 바꾸는 결정적 순간이 되는 것은 아니다', '실제로 운명이 결정되는 극적인 순간은 믿을 수 없을 만큼 사소할 수 있다'고 했다. 또한, 하이데거*는 『존재와 시간』에서 낯선 마주침의 순간에 비로소 생각이 깨어나 활동하기 시작한다고 했으며, 들뢰즈**도 『프루스트와 기호들』에서 전혀 기대하지 않았던 예외적 사건의 발생, 그 사건과의 우연한 마주침이며, 그 사건의 '기호'에 대한 해석 과정에서 인간에게 생각지도 못한 생각의 지혜가 발생한다고 했다.

마음에서 울리는 소리에 귀를 기울이자

우연이란 필연적이거나 의도하지 않는 것으로 우리의 삶에서 새로운 인연을 만드는 중요한 역할을 한다. 그러나 아이가 학급이 바뀌거나 학제가 바뀌어 친구를 사귀면 우리 부모들은 친구의 부모

---

*   Martin Heidegger(1889~1976), 독일 철학자.

**   Gilles Deleuze(1925~1995), 프랑스 철학자.

님은 어떤 직업을 가졌는지부터 묻곤 한다. 그래서 친구 부모의 직업을 알고 나면 내 아이에게 곧바로 그 친구랑 놀아라, 놀지 말아라까지 정해주는 듯하다. 친구를 만든다는 것은 단순히 누군가와 관계를 맺는 것뿐만 아니라 그 과정을 통해 사회구성원으로서 자립심을 갖는 데 매우 중요한 경험임에도 부모가 일일이 아이의 친구 관계까지 정해준다면 아이는 한 발자국도 앞으로 나아가지 못할 것이다. 그러므로 아이가 누구를 만나더라도 부모가 개입하지 말고 다양한 사람들과 관계 맺기를 하면서 마음의 소리에 귀를 기울이고 마음 따라 움직일 수 있도록 해야 할 것이다.

고(故) 이어령 교수 글 중에 어느 교도소에 복역 중인 죄수들에게 "세상에서 누가 가장 보고 싶냐?"는 물음에 '엄마'와 '어머니' 두 개의 대답이 가장 많았다. 둘 다 똑같은 대상인데 왜 누구는 '엄마'고, 누구는 '어머니'라고 했는지 다시 물었더니 나중에 한 죄수가 편지를 보내왔다. '엄마는 내가 엄마보다 작았을 때 부르고, 어머니는 내가 어머니보다 컸을 때 부릅니다!' 이 말은 '엄마'는 철이 덜 들었을 때 부르고 '어머니'는 철이 들었을 때 부르는 것이다. 그런데도 첫 면회 때 어머니가 오시자 자신도 모르게 어머니를 부여안고 "엄마" 하고 불렀다고 한다. 세상 어디에도 '엄마'와 '어머니'의 정의를 명확하게 구분 짓지는 못하지만 '엄마'는 세상에서 가장 소중한 존재다.

한번은 유학 간 아들이 어머니와는 매일 전화로 소식을 주고받는데, 아버지와는 늘 무심하게 지내던 아들이 갑자기 "나는 아버지가 열심히 일해서 내가 이렇게 유학까지 왔는데, 아버지께 제대로 감사해본 적이 없다는 생각을 하게 되었다. 어머니만 부모 같았지, 아버지는 늘 손님처럼 여겼다"고 했다. 아들은 크게 후회하면서 '오늘은 아버지께 위로와 감사의 말씀을 전해야겠다'는 생각으로 집에 전화했는데 마침 아버지께서 전화를 받자 순간 당황까지 했다고 했다. 아마 아버지가 밤낮 교환수 노릇만 했으니 자연스럽게 나온 대응이었을 것이다. 그래서 아버지는 전화를 받자마자 "엄마 바꿔 줄게" 하자 아들이 "아니요. 오늘은 아버지하고 이야기하려고요"라고 말하며, "아버지께 큰 은혜를 받고 살면서도 너무 불효한 것 같아 오늘은 아버지와 이런저런 말씀을 나누고 싶어요"라고 해 마음이 찡했다고 한다.

우리 사회에서 아버지라는 역할은 오래도록 '돈 버는 사람, 돈 주는 사람'으로 받아들여지는 경우가 많다. 누군가에게 당신은 그렇지 않다는 개인의 진심, 마음의 소리를 전하는 일은 당장 하기는 조금 쑥스럽고 어색한 일일 수 있다. 하지만 마음에 소리에 집중하고 관계를 맺어가면 서로 오해받을 일도 오해를 살 일을 줄일 수 있다.

부모와 자식의 관계도 마찬가지다. 마음을 담은 진심 어린 대화는 매우 중요하며, 서로 그 소리를 들어주기 위해 노력해야 한다. 부모든 자식이든 각자의 입장에서 하는 소리는 이유가 있을 것이므로 서로 사소한 소리에도 관심을 가지고 귀를 기울인다면 서로 좋은 시너지를 만들어 부모는 부모대로 아이는 아이대로 글로벌 시대를 살아가는 에너지가 될 것이다.

감독이 아닌 코치가 되자

'익숙함'은 친숙하지만 성숙으로 가는 길목에서 발목을 잡을 수 있어 경계해야 한다. 우리의 생이 인간과 인간 사이에 만들어지는 것이라고 볼 때 철학자들이 주장하는 바에 의하면 아이의 인생을 최고로 만드는 감독은 부모가 아니라 우연히 마주친 상황이나 시간이나 인연이라고 볼 수 있다. 다시 말해 내 인생을 완성하는 최고의 감독은 부모가 아니라 우연이라는 말이다.

중국 당나라 태종의 충신 '위징'에 대하여 태종은 '구리로 거울을 만들면 의복을 바로 입을 수 있다. 옛일을 거울로 삼으면 나라의 흥망성쇠를 알 수 있다. 또한, 사람을 거울로 삼으면 세상 사는 이치와 이해득실을 알 수 있다'고 평했다.

아이들이 거울로 삼을 수 있는 사람은 바로 부모다. 아이들은 부모를 거울삼아 세상을 살아가는 지혜를 보고 배운다. 그렇다면 옆에서 일일이 이것 해라, 저것 해라고 하는 감독 같은 부모보다 함께 뛰면서 '이건 이렇고, 저건 저렇다'고 알려주는 코치 같은 부모가 되어야 할 것이다.

END가 아니라 AND가 되게 하라

자식을 기른다는 것은 끝이 없고 중간중간 구간이 있을 뿐이다. 그런데도 우리는 "이번만 또는 이것만" 하고 나면 끝이 나는 것으로 생각하고 있다.

END와 AND는 알파벳 한 글자 차이지만 뜻은 완전히 반대다. 한 글자 E를 A로 바꾸는 것이 우리 부모들에게는 무척 어렵다. 그런데도 END를 시작하는 것으로 출발하는 것으로 바꾼다면 최단거리로 갈 수 있을 것이다.

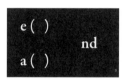

'ABTO'라는 브라질의 한 장기 이식 기관이 있는데, 이곳에서 진행한 한 광고에 쓰인 위의 카피가 많은 이들의 눈길을 끌었다. end와 and로 '끝'이 '이어짐'이 될 수 있음을 표현한 것이다. It's (y)our choice는 '그것은 당신의 선택이자 우리의 선택이다'라는 뜻을 담고 있다. 이 광고는 누군가의 마지막 생명이 이식해주는 장기가 다른 누군가에게는 생명을 주어 삶을 계속할 수 있게 만든다는 것이다.

E와 A를 구분하는 지점이 끝맺음과 계속이 아니라 발달에서 하나의 과업이 끝나고 다음 과업이 이어지는 것처럼 새로운 시작으로 보아야 할 것이다. 다시 말해서 end는 더 힘차게 달리기 위한 필요한 시작 시점이다.

인간관계를 잘하는 것은
21세기 필수 덕목이다

인간은 사회적 존재로서 다양한 인간관계를 맺으면서 살아간다. 이러한 인간관계는 태어나면서부터 죽을 때까지 세상을 사는 모든 사람에게 평생을 두고 중요한 것이다. 아이를 키우는 부모라면 가까운 부모들과 관계를 잘 유지하는 것이 매우 중요하다. 특히 워킹맘 이라면 더욱더 필요하다. 이러한 관계유지는 동네에서나 학교에서 또는 온 마을이 내 아이로 키우는 기본이 된다. 만약 학교에 행사가 있는데 워킹맘이 직장에서 중요한 프로젝트를 수행해야 해서 참여하지 못할 때 옆집 부모님께 우리 아이를 부탁할 수도 있다.

블랙유머에 나타난 자녀를 위한 인간관계

엄마들 사이에 아이 공부에 대한 블랙 유머가 떠도는데, 아이를 서울대학교에 보내려면 세 가지 조건을 기본적으로 갖추고 있어야 하고 보너스로 한 가지 조건을 더 갖추어야 한다는 것이다. 이는 할 아버지의 재력과 엄마의 정보력과 아이의 능력이며, 보너스로 아버지의 무관심을 갖추어야 한다고 한다. 또 아이의 공부에 대한 반응도 강남 엄마들은 동네마다 차이가 있다. 압구정 엄마는 아이 학교 가고 나면 쇼핑을 즐기고 아이가 공부가 어렵다고 하면 "유학가자"고 말한다. 서초동 엄마는 아이 학교 가고 나면 문화생활 즐기고 공부가 어렵다고 하면 "아빠가 가르쳐주실 거야"라고 하고 대치동 엄마는 아이가 공부할 때 어려워하면 "어휴 답답해 내가 가르쳐줄게"라고 한다. 그리고 분당 엄마들은 아이가 학교에 가고 나면 모임 갖고 아이가 공부가 어렵다고 하면 "팀을 짜자"고 한다는 것이다. 즉, 동네마다 아이에 대한 문화가 다르다는 것으로 이는 그들만의 성역에서 공감대를 형성하고 있다는 이야기다.

『모리와 함께한 화요일』의 저자 미치앨봄은 한국에 대한 미국신문 기고문에서 '한국 학생들에게 학교는 풀타임 직장과 풀타임 결혼 생활을 합친 것 같다. 주말 없이 밤낮으로 공부한다. 한밤중에 교복 입은 학생을 보는 것이 이상하지 않다. 미국 아이들은 더 많이 웃고 더 많은 운동을 즐기며, 더 솔직하게 자신을 표현한다. 한국 아이들은 비교할 수 없을 정도로 심각하고 오직 성공의 외길로 내몰리고 있다'고 하였다.

우리나라 부모들은 내 아이가 잘되게 하려고 전투적으로 뛰어든다. 요즘 시대는 성적으로만 경쟁하는 것이 아닌데도 말이다. 만약 부모가 진정 아이를 돕고 싶다면 사회와의 소통 창구, 기회를 많이 늘려줘야 한다. 다양한 소통을 하지 않으면 아이들은 아는 것이 없어서 부모가 원하는 일을 장래희망으로 설정하는 상황에 놓이게 된다. 보고 경험한 것이 많지 않기 때문이다. 그러므로 다양한 사람들과 인간관계를 하면서 다양한 직업을 경험하게 한다면 아이들에게 폭넓은 미래를 선택하는 기회를 줘야 한다.

세상에는 없는 것이 세 가지 있다

세상에 없는 것이 세 가지 있다. 나는 세상에 없는 세 가지가 무엇인지 아는 것이 인간관계를 잘하는 길이라고 생각한다. 세상에 없는 것 세 가지는 바로 '공짜, 비밀, 정답'이다.

세상에 '공짜'가 없다는 말은 황금률이다. 공짜로 얻은 것은 나중에 나도 똑같이 갚아야 하는 빚이 된다는 것이다. 만약 갚지 않는다면 인간관계는 유지할 수 없다. 그래서 공짜는 '뿌린 대로 거둔다', '콩 심은 데 콩 나고, 팥 심은 데 팥 난다'로 통하기도 하다.

'비밀'이 없다는 사실은 많은 이들이 잘 알 것이라고 본다. 모든 것은 하늘이 알고 땅이 안다. 특히 디지털 기술이 발달한 현대 사회에서는 더욱 비밀이 없다. 그러므로 상대에 대한 비방이나 잘못을 다른 사람에게 전달하는 것은 언젠가는 들통이 나게 되어 있다. '낮말은 새가 듣고 밤말은 쥐가 듣는다', '발 없는 말이 천 리를 간다'라는 말들이 비밀은 없다는 진리와 일맥상통한다. 지금은 상대가 모르는 것 같아도 나중에 알게 되면 인간관계는 깨지게 된다.

'정답이 없다'는 누군가가 정해놓은 물음에 그 사람이 원하는 말을 하는 것이 정답이 아니라 각자가 추구하는 것이 정답이 있다는 뜻이다. 만약 자기 것이 정답이라고 고집한다면 인간관계를 유지하기 어렵다. 요즘 아이들 부족함이 없이 자랐고, 부모들도 한 명 아니면 두 명의 자식만 있고, 밥은 먹고살 만큼 경제력을 갖추고 있으므로 아이가 다른 사람과 관계하지 않더라도 충분히 행복하게 살아갈 수 있다고 생각하는데 절대적으로 그렇지 않다. 만약 부모가 아이에게 끊임없이 '공부, 공부'를 외친다면 아이들은 그들만의 세상을 살아가는 방법을 알기는 어렵지만, 세상에 없는 것이 있다는 것을 알려주고 없는 것을 있게 만드는 관계를 맺을 수 있도록 쏘아 올린다면 아이들은 기적을 만드는 인간관계를 이어갈 것이다.

삶의 성패와 행불행은 인간관계에 의해 좌우된다

인간은 혼자서는 살 수 없는 구조로 만들어져 있기에 사회적인 존재로 끊임없이 인간관계를 이어가야 한다. 인간관계는 말 그대로 복잡하고 어려우며, 경쟁과 갈등으로 인해 스트레스가 동반한다. 그러나 자신들에게 스트레스를 주는 사람들이 모두 사라지고 홀로 남아있는 모습을 상상해보면 서로 갈등을 겪지만, 또 한편으로 서로 도와주는 중요한 존재가 될 수 있다. 영화 〈나는 전설이다〉에서는 재난이 닥친 지구에 홀로 남은 인간이 겪는 외로움과 고독을 절실히 표현한다.

기본적으로 인간관계는 가정에서부터 출발한다. 브론펜브루너(Bronfenbrenner)는 생태학적 체계이론에서 사회문화적 관점에서 가족, 지역사회, 문화 등 인간이 몸담은 생태환경을 체계적으로 구조화하였는데, 발달은 가족, 이웃, 학교, 지역사회, 그리고 국가 등으로 점점 범위를 넓히면서 인간과 환경 간의 상호작용으로 발달한다고 보았다. 일반적으로 생각해봐도 아이가 태어나서 걷기 전에는 주로 가정 내에서 생활하므로 가정으로부터 출발한다는 것을 방증한다. 그러므로 가정에서 인간관계가 잘 이루어진다면 당연히 삶은 성공적일 수 있다.

개천에서 난 용이
세상을 움직인다

    부모는 아이가 공부를 잘하면 서로 자신의 유전인자 덕분이라고 한다. 이 말은 다시 말하면 아이의 지능은 유전으로 결정된다는 주장을 뒷받침한다고 볼 수 있다.

    '문화실조론'에서는 지능이 유전으로 결정된다는 주장을 반박하며 학업성취는 가정의 문화적 환경의 영향을 받는다고 한다. 이는 인간이 발달하기 위해서는 적절한 시기에 교육, 양육, 경험 등 적절한 문화요소가 필요하다는 것이다. 만약 성장기에 문화요소가 제대로 공급되지 않으면 발달이 저해될 수 있고, 교육적 자극이 부족하게 되어 결과에 대한 격차가 발생한다고 본 것이다.

    문화[*]는 통상적으로 사회 구성원들이 공유하는 생활양식의 총체

---

*   문화라는 용어는 독일 철학자 분트가 쓴 「문화와 역사」에 따르면 라틴어 동사 'colere(논밭을) 갈다, 경작하다, 숭상하다'에서 그 과거분사형인 'cultus(논밭) 경

라고 정의할 수 있는 것으로 선대에서 후대로 이어지는 교육을 통해 계승되면서 한 사회의 공적 전통으로 자리하게 된다. 또한, 이질적인 사회구성원들이 이러한 문화 전계를 통해 사회화는 물론 서로 조화롭게 살아갈 수 있는 사회통합을 이루게 된다.

그러므로 내 아이가 공부를 잘하는 아이가 되게 하기 위해서는 공부하는 환경을 만들고, 노래를 잘하는 아이가 되게 하려면 노래를 하는 분위기를 만들면 된다. 과거에는 넉넉지 못한 가정 형편에서 피나는 노력을 하여 성공하는 일명 개천에서 용이 났지만, 요즘은 선행학습을 하고 진로를 정하는 데 사교육이 필요한 현실이라 개천에서 용이 나기 어렵다는 것은 누구나 알고 있다. 그렇다고 전혀 나지 않는 것은 아니다. 부모가 끊임없이 아이가 좋아하는 것을 지지해주고 아이가 잘하는 것을 더 잘할 수 있도록 격려한다면 여전히 개천에서 용이 날 기회는 있다.

『88만원 세대』[**]의 저자는 '사교육만 받은 사람은 절대로 리더가 될 수 없다'고 했다. 이는 사교육으로 좋은 성적을 받고 이러한 성적으로 사회적 위치에 오른 사람보다 스스로 정직한 땀과 노력으로 일궈낸 삶이 많은 사람에게 영향력을 만드는 귀감이 될 수 있기 때문이다. 다시 말하면 개천에서 난 용은 세상을 움직이는 힘을 가지고 있다.

작, 숭배'가 나왔고 여기에서 다시 'cultura(문화, 교화)'가 나왔으며, 여기서부터 중세 후기와 르네상스 초기의 'cultura mentis(정신교화)'라는 표현이 발전되었다.

[**]   우석훈, 박권일, 『88만원세대』, 레디앙, 2007.

이겨놓고
싸우는 방법을 알려줘라

 1960년에서 1970년대생 부모 세대들은 누구나 대학교를 다니지 않았기 때문에 그 시대에는 대학교를 졸업하면 그나마 소위 말하는 좋은 직장을 갈 수 있었지만 지금 우리 아이들은 누구나 대학을 가기 때문에 정말 앞서가지 않으면 또는 이기는 전략이 없다면 좋은 직장을 가기는 어려운 것이 세상 정해진 논리다. 그래서 부모의 직업과 동일한 직업을 가지겠다고 하면 이미 이긴 게임이다. 부모가 이미 다 갖춰놨기 때문에 그 자녀는 숟가락만 얹으면 되기 때문이다. 하지만 이렇게 되면 처음부터 차근차근 준비하며 시간을 들이고 실패도 하고 성공도 한 사람에 비해 경험이 적어진다. 물론 이러한 사례는 일부이기는 하지만 요즘 TV 프로그램 등에서 소개하는 노포 식당이나 귀농을 해서 성공한 사례들을 보면 그들이 포기하지 않고 계속 도전해 성공할 수 있었던 원동력은 '경험'이라는 이기

272

는 무기가 있었기 때문인 경우가 많다. 이런 사례들처럼 부모는 아이에게 가진 것을 그대로 물려주는 것보다 이겨놓고 싸우는 방법을 알려주는 것이 중요하다.

자세히 보고 기회를 포착하게 하라

어떤 상황이나 사물의 특성을 자세히 보고 원리를 찾는 것은 이겨놓고 싸우는 방법이 될 수 있다. 지렁이는 빗방울이 땅을 때리는 진동을 감지하자 말자 위로 올라온다고 한다. 이를 잘 아는 누른 도요새는 지렁이를 먹고 살기 때문에 땅 위가 말라서 지렁이가 위로 올라오지 않는 날에는 부리로 땅을 이리저리 찍어서 빗방울 소리를 낸다. 그러면 지렁이가 땅 위로 올라오게 되고 이때 지렁이를 잡아먹는 것이다.

우리는 도요새가 지렁이를 잡아먹는 광경을 보았다면 반응은 두 부류로 구분될 것이다. 하나는 '마른 날인데 어떻게 땅 위에 있는 지렁이를 잡아먹을 수 있을까 신기하네'와 또 하나는 '비가 오는 날 지렁이가 나오는 것을 잘 활용하네'로 말이다. 우리는 아이들에게 후자를 알려주어야 할 것이다. 이는 가르쳐서 되는 것이 아니고, 부모가 자세히 관찰하고 전략을 다른 상황에 활용하는 모습을 보여준다면 아이는 자연스럽게 어떤 상황에서 방법을 적용하는 기회를 가지게 될 것이다.

내가 어릴 때 흰 눈이 내린 날이면 오빠들이나 동네 남자아이들이 토끼 잡으러 갔다. 그들은 토끼를 잡을 때는 언제나 산꼭대기로 먼저 갔다. 이해를 못 했는데, 산토끼는 앞다리가 짧고 뒷다리가 길어서 사람과 반대로 내려오는 것을 잘하지 못해 위에서 아래로 쫓으며 잡는다고 하였다. 이것은 누군가 자세히 보고 토끼를 쉽게 잡는 기회를 기가 막히게 포착한 것이다. 이 또한 자세히 관찰하는 것이 바로 이겨놓고 싸우는 전략이었던 것이다.

내 손에 없는 것은 내 것이 아님을 알려라

요즘 아이들은 그다지 아쉬운 것도 없고 매우 절실한 것도 없다. 소위 말하는 무지개 지갑을 가지고 있기 때문이다. 돈이 필요하면 부모님 두 분이 안 되면 친조부모 그도 안 되면 외조부모, 그도 안 되면 삼촌, 고모, 이모, 외삼촌 등 아무에게나 손 벌리면 한 사람은 가능하기 때문이다. '하나밖에 없는 손자를 위해서 이쯤은 과감히 쓴다'라든가 '조카를 위해 삼촌이, 고모가, 이모가 이쯤은 해주지 뭐'라는 말을 흔히 들을 수 있다. 조부모나 이모, 고모, 삼촌에게는 한 번인지 몰라도 아이에게는 알게 모르게 그들을 호구로 삼는다.

지금 당장 아이가 먹고 싶은 햄버거나 피자를 못 먹는 것은 주식을 굶는 것이 아니고 욕망을 억제하지 못하는 것이므로 아무런 상관이 없다. 오히려 자신이 스스로 삶을 책임져야 할 때 그런 것을 못 먹게 되거나, 내 손에 없어도 먹기 위해서 다른 사람에게 의지한다면 그게 더 문제가 되는 것이다. 그러므로 어릴 때부터 '내 손에 있지 않은 것은 내 것이 아니고, 누군가로부터 받을 때도 나중에라도 반드시 대가를 치러야 한다'는 것을 알려줘야 할 것이다.

꼴찌여도 이기는 것이 있다

요즘 공무원 시험이 인기가 없다고 한다. 박봉에 요즘 아이들 정서와는 맞지 않는 조직체계라고들 해석하기도 하지만, 이런 통계적인 결과 이면에 다른 이유가 있다. 실제 응시하는 사람이 줄어든 것이지 경쟁력이 없는 것은 아니다. 한때 몇백 대 일의 경쟁률이 몇십 대 일로 줄어들었는데 몇백 대 일의 경쟁률을 나타낼 때는 부모님 덕분에 밥은 먹고 사니 공무원 시험이나 한번 도전해볼까 하는 허수가 많았지만 몇십 대 일인 시점은 정말 공무원이 되어야겠다고 생각하는 사람만 응시하기 때문에 인기가 없는 것처럼 보이는 것이라고 한다.

내가 아는 지인 중 학교 성적은 꼴찌였지만 그렇게 어렵다는 공무원 시험에 합격했다고 동네잔치가 벌어졌다. 그 아이에게 공무원 시험에 합격하게 된 비결이 무엇이냐고 물었더니 '간절함'이라고 답했다. 어릴 때부터 학교에서 늘 꼴찌만 해서 자신의 이름이 꼴찌인 줄 알았고 뭔가 보여주기 위해 공무원 시험이라는 한을 품었다고 한다. 그러한 간절함이 통했던지 공무원 시험에 합격했다. 이 아이는 꼴찌이기 때문에 간절함이 생겼고 그 간절함이 좋은 결과를 만들어낸 것이다.

'1등만 알아주는 더러운 세상'이라고 개탄하는 사람들도 있었는데 개탄만 하지 말고 '간절함'으로 무장해서 세상 속으로 뛰어든다면 이겨놓고 싸움터에 나가는 당당함이 있어 기적을 만들 수 있을 것이다.